中华爱国
人物故事
ZHONGHUA AIGUO RENWU GUSHI

伟大的现实主义诗人杜甫

刘开扬　编著

吉林人民出版社

图书在版编目（CIP）数据

伟大的现实主义诗人杜甫 / 刘开扬编著. -- 长春：
吉林人民出版社，2011.5
（中华爱国人物故事）
ISBN 978-7-206-07884-2

Ⅰ.①伟… Ⅱ.①刘… Ⅲ.①杜甫(712～770)－生
平事迹 Ⅳ.①K825.6

中国版本图书馆CIP数据核字(2011)第075631号

伟大的现实主义诗人杜甫
WEIDA DE XIANSHI ZHUYI SHIREN DU FU

编　　著：刘开扬
责任编辑：王一莉　程世博　　　封面设计：七　洱
吉林人民出版社出版 发行（长春市人民大街7548号　邮政编码：130022）
印　　刷：鸿鹄（唐山）印务有限公司
开　　本：670mm×950mm　　　1/16
印　　张：8　　　　　　　　　字　　数：70千字
标准书号：ISBN 978-7-206-07884-2
版　　次：2011年5月第1版　　　印　　次：2023年6月第4次印刷
定　　价：35.00元

如发现印装质量问题，影响阅读，请与出版社联系调换。

总　序

胡维革

　　《中华爱国人物故事》是一套故事丛书。它汇集了我国历史上80位古圣先贤、民族英雄、志士仁人、革命领袖、先进模范人物的生动感人史迹，表现了作为中华民族优秀传统的伟大的爱国主义精神。

　　爱国主义是人们对于"生于斯、长于斯、衣食于斯"的祖国的一种神圣感情，是人们对于自己民族的一种强烈的责任感和使命感，是感召和激励整个中华民族的一面永不褪色的旗帜。在漫长的历史上，爱国主义一直激励着中华儿女为祖国的独立、统一、进步和繁荣而英勇奋斗。从伟大的思想家教育家孔子到统一全国的千古一帝秦始皇，从秉笔直书著《史记》的司马

迁到鞠躬尽瘁死而后已的诸葛亮,从伟大的浪漫主义诗人李白到精忠报国的民族英雄岳飞,从七下西洋传播友谊的郑和到抗击倭寇的民族英雄戚继光,从苟利国家生死以的林则徐到为变法流血的第一人谭嗣同,从威震敌胆的抗联将军杨靖宇到人民音乐家聂耳与冼星海,从踏遍青山人未老的李四光到万婴之母林巧稚,从县委书记的好榜样焦裕禄到情系雪域献身高原的孔繁森……都表现出了强烈的爱国主义精神。正是由于热爱祖国的人们前仆后继地奋斗,国家和民族才得以生存,历经一次次历史危急关头而能转危为安,走向兴盛和富强,从而屹立于世界民族之林。爱国主义是鼓舞中华儿女历经忧患、跨越沧桑、百折不挠、自强不息的伟大力量,它贯穿于中华民族的整个历史,并有力地凝聚着五洲四海的中国人。

爱国主义是一个历史的范畴,在社会发展的不同阶段、不同时期有着不同的具体内容。革命时期,需要我们为祖国的独立自主出生入死;建设时期,需要我们为祖国的繁荣富强增砖添瓦;在全国各族人民团结一心建设富强、民主、文明、和谐的社会主义现代化国家的今天,我们要争做一名新时期的爱国者。新时期的爱国者要有强烈的民族自尊心和自豪感。民族自尊心和自豪感是任何时期任何爱国者都必须具备的情感。民族自尊心能增强我们自立向上的恒心,民族自豪感能树立我们建设祖国的信心。要树立"祖国高于一切"的崇高信念,为了祖国和人民的利益不惜抛却个人的利益,甚至不惜牺牲个人的生命。要树立终身学习的理念,拓

宽自己的知识面,广泛吸收新知识新技术,完善自身的知识结构,更新学习知识的方法与理念,从思想上、知识上充分武装自己,为祖国的繁荣昌盛贡献力量。

爱国主义思想的继承和发扬,是关系到民族盛衰、国家兴亡的根本问题。一代代人爱国主义思想情操的形成,需要不断地培养。培养爱国主义的一个重要途径是向爱国主义的英雄人物和典范事迹学习。这套丛书的出版,对于人们向英雄和先进人物学习,特别是对于在中小学生中进行爱国主义教育,将可提供一些生动的教材。祝愿此书出版发行成功,为培养"四有"新人做出贡献。

于2011年4月23日

世界读书日

中华爱国人物故事

编 委 会

目 录
CONTENTS

目 录。
CONTENTS

唐诗的集大成者

　　杜甫是唐朝伟大的现实主义诗人，是我国唐以前诗歌的集大成者，同时又是革新者，他所取得的重大成就，对以后的诗歌创作有着极为深远的影响。人们习惯于把他和伟大的浪漫主义诗人李白并称，称为李杜。他的诗思想性、艺术性很高，数量也多，将近三千首，现留存有一千四百多首，早期的作品有不少已散失了。在他以前，我国还没有过创作这样丰富的诗人。他的诗内容深刻，感情强烈，有很多篇广泛地流传在千百万读者中间，为人民群众所喜闻乐见，《奉先咏怀》《春望》《北征》"三吏""三别"《茅屋为秋风所破歌》《闻官军收河南河北》《秋兴八首》等，都是大家所熟悉的作品。

　　在杜甫曾经生活和从事创作的地方，有不少纪念他的祠堂，如巩义、长安、秦州、成都、绵州、夔州、耒阳等地。特别是成都的杜甫草堂，自杜甫离去后，年久

成都杜甫草堂

失修，唐末诗人韦庄来到这里，仅存砥柱，便重作草堂居住。后来北宋吕大防、胡宗愈先后任成都知府，在杜甫故居重建草堂、绘像、刻诗于石，规模粗具，经过历代修葺，逐渐完备。到了国民党统治时代，日渐荒芜破坏。新中国成立后，共产党和人民政府大加整理扩建，较之历史上任何时代更为壮观，并且收藏了杜诗各种版本和专著。1958年3月，伟大领袖毛主席亲临成都草堂视察工作，看了草堂收藏的杜甫诗集，称为"政治诗"，这是最恰当的也是给杜诗的最高评价。1962年，杜甫诞生1250周年，世界和平理事会将杜甫定为世界文化名人来纪念。1961年3月，国务院正式公布成都杜甫草堂为

全国重点文物保护单位。这些都反映了党和国家对文化事业的关怀，反映了我国人民和世界各国人民对杜甫的永远怀念。

为什么说杜甫的诗是"政治诗"最恰当呢？因为杜甫的诗有较强的现实性，对唐朝的政治、社会有较广泛和较深刻地反映。过去称为"诗史"，即以诗反映了历史，但是不如称杜甫诗歌作"政治诗"为明确。杜诗反映了当时的社会矛盾和阶级矛盾，揭露了封建剥削和压迫的事实，对人民的政治态度是同情的。因此我们说杜甫是伟大的现实主义诗人，他所写的诗是唐朝的"政治

杜甫

杜甫

诗"。

杜甫字子美，河南巩县人，因曾居住在长安城南的少陵以西，所以从前的人叫他做杜少陵。他生在唐玄宗先天元年（公元712年），死于代宗大历五年（公元770年），终年59岁。

他处在唐朝由盛而衰的变化剧烈的时代。天宝十四年（公元755年），发生了安史之乱，社会生产大遭破坏，人民被杀戮和由于饥饿、流离失所而死的难计其数。经过八年，安史之乱虽然最后被平定，唐朝的统治还继续维持了150年左右，但在大乱期中，国事纷如乱麻，人民生活十分痛苦，而且乱定以后，又是吐蕃、回纥的侵扰，给人民带来了很大的灾难。这些在杜甫的诗中都有比较深刻地反映。他对国事很关心，对人民表示了一定的同情。当然，他的关心国事和同情人民，都是从维护封建朝廷和封建统治出发的。还有，玄宗开元年间（公元713年—741年），社会虽然比较安定，但封建政治的开明毕竟是非常有限的，作为封建士大夫阶级成员之一的杜甫也认识不到这一点，所以他的诗中常常有加以美化的地方。

当时诗歌的发展也经历了曲折的道路。初唐的王绩和"四杰"（王勃、杨炯、卢照邻、骆宾王）等人开始把诗歌由六朝的绮靡余风引向清新刚健，陈子昂的改革诗

风进一步奠定了唐诗的初基，而盛唐的李白、王维、王昌龄、高适、岑参和杜甫等人则把唐诗发展到了一个全新的阶段。其中特别是李白和杜甫的成就最大。杜甫的创作开始于盛唐时期（指开元、天宝时），而更活跃于中唐初期的一段时间（肃宗、代宗时），他的创作的主要和成熟的时期就在中唐这十多年间（公元756—770年），至今流传最广的作品大多是他在安史之乱以后写的。

下面我们将概略地叙述杜甫的一生，并重点介绍他的一些有名的诗篇。最后谈杜诗的艺术成就和它在中国诗歌发展上的影响等等。

太白醉酒图 清·苏六朋

幼年的生活

　　杜甫出生在一个封建官僚地主家庭。他的远祖杜预，是西晋时有名的大将，平定东吴有功，又曾注解过《左传》，是杜甫引以为荣的。杜预的子孙从京兆（即长安，今陕西西安）原籍迁到襄阳（今湖北襄樊市），后来又迁到巩县（今河南巩义市）。杜甫的祖父名叫审言，武则天时做过膳部员外郎，后来做修文馆直学士，是著名的诗人，为人非常自负，对杜甫有一定的影响。审言的儿子名闲，做过奉天县（今陕西乾县）的县令。杜甫就出生在巩县杜闲的家里，他的母亲是当时大族清河崔家的女儿。

　　杜甫对他幼年的生活曾经有过一些追述。唐玄宗开元五年（公元717年），他6岁的时候，曾经到过郾城，看见公孙大娘舞"剑器浑脱"。公孙大娘是玄宗时著名的女舞蹈家，也是当时教坊舞女中唯一长于舞"剑器浑脱"

杜甫诞生窑

的人。她的弟子李十二娘也是郾城附近临颍的人，可以看出她在这一带活动的影响是很大的。她和她的舞姿给杜甫的印象也很深，杜甫儿时的这一次观赏在50年后他还记得很清楚，好像在眼前一样。

杜甫7岁时便开始作诗，他的第一首诗是《咏凤凰》（已失传）。凤凰是我国古代传说中的灵鸟，杜甫歌咏它，表现了诗人幼年时就富于幻想。到9岁的时候，他已经写满了一口袋的大字，书法便有了一点基础。后来不断努力，他的书法也就相当出色了。

杜甫的母亲死得很早，父亲在外面做官，不常在家，便把他送到洛阳的姑母家中寄住。他的健康情况不好，常常患病。洛阳是当时的东都，地位仅次于西都长安，皇帝常到那里去住，王公大臣也都有房宅在那里。杜甫14岁时，便已经和洛阳的文人交往了，崔尚、魏启心等人认为杜甫的诗文写得很好，拿汉朝的著名文学家扬雄和班固来和他相比，是极为奖许他的。可能由于崔、魏等人的赞誉，杜甫得以常到岐王李範和秘书监崔涤的府第里去做客。李範好学，喜欢和文人来往，崔涤弟兄几人都能文章，对于文名骤盛的少年杜甫自然乐于接待。二人都在当年（开元十四年）死去。

杜甫的健康情况已经逐渐好转。他在家里是一个天真活泼的孩子。晚年在成都写的《百忧集行》中回忆童年生活时写道：

忆年十五心尚孩，健如黄犊走复来，庭前八月梨枣熟，一日上树能千回。

这几句诗真实地把他自己幼年的形象和性格写得活灵活现。他像一头健壮的小黄牛，成天转来转去。当八月里梨子和枣子成熟的时候，他一天无数次地爬上庭前的树巅去摘果实。

随着年岁的增长，他开始和人一道喝酒了，并喜欢

和有声誉的前辈如崔、魏等来往。他们在酒醉之后，环视八方，没有把世俗人物放在眼里。在杜甫日后的思想里，不免有些狂放、自负，甚至有时很颓废，和少年时的这段生活也不能说没有关系。

从以上杜甫自述的幼年生活看来，他是处在封建官僚地主家庭中，过着较安适的生活，接触的也都是有地位的士大夫阶级中的人物，从而难免要受到他们的思想的影响。

杜甫故里

南北漫游

　　杜甫20岁的时候，南游吴越（今江苏南部和浙江），26岁时，又北游齐赵（今山东、河北南部、山西等地），和司马迁的南北漫游很相似，这对于杜甫的诗歌创作，同样也有很大的帮助。因为他们不仅观看了祖国的山河

吴越风光

城邑、名胜古迹，从而实际地了解各种历史人物的事迹，而且广泛地熟悉人民生活和社会的情况，这不是那些足不出京城的史官或宫廷文人所能比拟的。这说明被称为诗中之史的政治诗人杜甫，和前代史学家、文学家司马迁曾经走过一段相似的道路。然而日后杜甫的疏救房琯则与司马迁的营救李陵有着本质的区别，因为房琯只是战败而李陵却投降了敌人。所以不能全盘去类比，且留待下面再谈。

杜甫能够作南北漫游，而且时间长达八九年，使他感到很"快意"（《壮游》诗语），说明他是有所凭借的，他有家人和亲戚在做官，使他可以不愁生活费用和路资。加以开元年间，社会比较安定，道路比较畅达，才能实现他的漫游计划。至于漫游的目的，除了上面说的观赏祖国的壮丽河山，增长自己的见闻和知识外，士大夫阶级游山玩水的享乐思想在杜甫身上也同样有所表现。当然，他还可以由此结识一些人，彼此揄扬，造成声名，考试时较有希望被录取，或者被有势力有声望的州郡长官引荐。这是当时的一种风气。

开元十九年（公元731年）杜甫满20岁，便到吴越去观赏江南的秀丽山川。这次南游对他的知识的丰富和文思的进展有很大的帮助。

开元二十三年（公元735年），杜甫从吴越回到了巩县，再到长安（今陕西西安）去应试。那时他已经自诩为"读书破万卷，下笔如有神"。他怀抱着"致君尧舜上，再使风俗淳"的政治思想。

尧舜是儒家理想中的圣君，《礼记·礼运篇》载尧舜而上的五帝之时，是所谓"大同"之世，"大道之行也，天下为公，选贤与能，讲信修睦，故人不独亲其亲，不独子其子，使老有所终，壮有所用，幼有所长，矜寡孤独废疾者皆有所养……"这是儒家的"仁政"理想。这种理想不仅美化原始社会，有复古倾向，重要的是它借

杜甫像

减租赋、施小惠等改良主张掩盖封建社会尖锐的阶级矛盾，对人民反抗封建统治起着迷惑的作用，而且在封建社会是不可能实现的。杜甫正是抱着实现这种理想的愿望去长安应试的，他希望能够考中，但结果是落第了。

开元二十五年（公元737年），他又北游齐赵，这一次出游又达四五年之久。在齐地射猎还和苏源明在一起，他们一同登上泰山日观峰，抬头观望八方。苏源明后来进士及第，做了太子谕德的官职，不屈于安禄山，累官秘书少监，是杜甫所敬仰的人。

杜甫在洛阳写过《游龙门奉先寺》、在兖州（今山东兖州市）写过《望岳》，都是五言古诗，但用了很多对偶句。他早期的诗以五言律诗为多。这是受了六朝诗和唐初沈佺期、宋之问以及他的祖父杜审言的律诗影响的缘故。《望岳》一首写得很好：

岱宗（泰山）夫如何？齐鲁青未了，造化钟神秀，阴阳割昏晓。荡胸生曾（同"层"）云，决眦入归鸟，会当凌绝顶，一览众山小。

用"齐鲁青未了"来表明泰山跨有齐鲁二地，写它的大，这里抓住了山的特点青色，虽只五个字却写得很形象。第三句是说天地钟聚神秀之气于泰山，所以山很峻拔，用的是晋朝孙绰《游天台山赋》序文的第一句话"天台山者，盖山岳之神秀者也"，但他移用于泰山却似乎更恰当些。第四句也是写山的高，山前山后随太阳光的转移而分出明暗。五、六两句说层云生而心胸如被云气所冲荡，张目而见飞鸟的归宿，显得十分浩荡空阔，情随景移，以表现诗人的胸襟。最后两句题旨所在，用《孟子·尽心》："孔子……登泰山而小天下"之意，以表现诗人的青年的壮志，"凌绝顶""众山小"也较原句更

杜少陵祠

形象化，使人读后如临其境。上六句实写，下二句虚写，但都不离望岳（泰山为东岳）。杜甫写这诗时最多不过28岁。

开元二十九年（公元741年），杜甫由齐地回到了洛阳，在偃师县西北的首阳山下筑了"陆浑庄"土室，在这里一直住了好几年。天宝三载（公元744年），李白在京城长安因为开罪于杨贵妃和高力士，玄宗赐金放还，到洛阳和杜甫会了面。这两位大诗人的会面，成了中国文学史上的佳话。杜甫对于李白很是仰慕，从此他的诗歌创作受到李白诗歌的深刻影响，当然，他也对李白有过帮助，他们是真正的益友。但另一方面，杜甫赠李白的诗里说他们要到深山里去访道，寻找仙草。杜甫曾经去到王屋山（今山西阳城西南，接河南济源界）上的小有清虚洞天访寻隐士华盖君，可能是和李白一起去的，那时华盖君已经死去，他们失望了，对空悲伤不已。在这方面，他们的消极避世思想也互相影响。从李白的诗歌看来，这方面大概杜甫受到李白的影响为多。

以后他们去到宋州（今河南商丘），在单父（今山东单县南）以北的汶水上，和诗人高适相遇了。对于当时幽燕一带的大举用兵，人民负担很重，他们又同声慨叹。后来一起去到大梁城（今开封），到了城东南的吹台上，怀念古代传说创造文字的仓颉和那著名的乐工师旷以及增筑此台的好贤礼士的梁孝王。这一次游览，杜甫是感到十分痛快的。

　　不久高适南游楚地，杜甫和李白便到齐郡（今山东省济南市），和邻郡北海太守李邕交游。李邕是注《文选》的李善的儿子，他的文章和书法是闻名于当时的。

　　杜甫在齐郡写过一首排律《临邑舍弟书至苦雨黄河

泛溢堤防之患簿领所忧因寄此诗用宽其意》，章法结构井然不紊，但是内容无甚可取，对着"郡国诉嗷嗷""白屋留孤树，青天失万艘"的悲惨景象，他提出"仓廪终尔给，田租应罢收"的主张，说明这时杜甫的思想里对人民的生活并不怎样关心，他的认识是后来在生活实践中逐步深入的。

另外，杜甫在鲁郡写过一首《赠李白》的小诗，对李白的好任侠、使酒尚气作了规劝：

秋来相顾尚飘蓬，未就丹砂愧葛洪，痛饮狂歌空度日，飞扬跋扈为谁雄？

然而他们同去东蒙山（今山东蒙阴南）访问董炼师，又一同去访寻范隐士，想练就"丹砂"。杜甫有诗句说："李侯有佳句，往往似阴铿，"对李白很是推重。他们亲如弟兄，"醉眠秋共被，携手日同行"。他们的感情真是与日俱增。不久，杜甫和李白、高适分别，李白去到江东，高适回到梁宋，杜甫则独自一人再入京城长安。他到长安不久，李邕因得罪了宰相李林甫，被李林甫派人杖杀了，杜甫感到十分悲痛，后来写了哀悼的诗。

长安旅居

杜甫到长安后，写了好几首怀念李白的诗。如说："白也诗无敌，飘然思不群，清新庾开府，俊逸鲍参军。"意思说他兼有两大诗人的长处。

杜甫在长安奔走于权贵之门，想找到一条入仕的道路。不管他是怎样的卑屈，但是仍然遭到了冷淡的待遇。他自己这样写道：

朝扣富儿门，暮随肥马尘，残杯与冷炙，到处潜悲辛！

——《奉赠韦左丞丈二十二韵》

这是杜甫对自己的行动的真实写照，但这种精神状态是多么的低下。他住在客舍里，幻想着忽然得到别人的赏识，因而飞黄腾达，"邂逅"成其"良图"（《今夕

行》语）。

天宝六载（公元747年），玄宗诏令天下通一艺以上的士人到京就选，宰相李林甫怕士人对策揭发他的奸恶，建议由尚书省长官试问。杜甫和诗人元结等都去应了试。结果应试的全部未被录取，李林甫却上表称贺"野无遗贤"。李林甫不学无术，是一个阴险和忌才的人，所以当时人说他"口有蜜，腹有剑"。这次政治欺骗，弄得应试的人啼笑皆非。杜甫感到十分沉痛，几年以后，他还这样说道：

　　　破胆遭前政，阴谋独秉钧，微生沾忌刻，
万事益酸辛。

　　　　　　　　　　——《奉赠鲜于京兆二十韵》

杜甫这次考试落第以后，又把希望寄托在河南尹韦济身上。杜甫在偃师时韦济曾屡次来访，所以他把韦济当作知己。后来韦济升任尚书左丞，杜甫求他引援不成，最后写了一首长诗《奉赠韦左丞丈二十二韵》，依然存着一丝的希望。这首诗是古诗，但多用排句。它的章法结构严整，说明这时杜甫写诗的艺术技巧已经相当成熟，他对现实的认识也比以往为深。这首诗可以分做四段。第一段四句，首先提出"纨袴不饿死，儒冠多误身"，作

杜甫像

为总论，这是两句愤慨的话。第二段"甫昔少年日"以下十二句叙述他自己的才华和抱负，他"自谓颇挺出，立登要路津"，这是写"儒冠"事业。第三段"此意竟萧条"以下十二句叙述考试一再落第，王公不顾的贫困情况，和第二段成为鲜明的对照——理想和现实的矛盾，即他所谓"误身"。第四段十六句写去住两难：既想东去大海，又舍不得离开长安，表现了他的矛盾心理，语意变化莫测，好像长江大水流个不尽：

　　甚愧丈人厚，甚知丈人真，每于百僚上，

猥诵佳句新。窃效贡公喜，难甘原宪贫，焉能
心怏怏，只是走踆踆？今欲东入海，即将西去
秦，尚怜终南山，回首清渭滨。常拟报一饭，
况怀辞大臣？白鸥没（出没）浩荡，万里谁能
驯？

杜甫雕像

我们要了解杜甫在长安旅居生活中的思想，这是最好的材料之一。杜甫以诗干谒大臣，自叹卑贫，向往功名富贵，因而诗中糟粕不少。虽说也提到他的"致吾尧舜上，再使风俗淳"的理想，但前面已谈到，这种"仁政"思想是没有多少积极意义的。但这首诗一向被认为是杜诗的名篇。前人也有很多评价，范元实说是全篇布置"如官府甲第，厅堂房舍，各有定处"，即是说它的章法结构严整。这是一方面。王嗣奭说是"直抒隐衷，如写尺牍"，语意显得自然，这是另一方面。忽略了后一方面，是不能领会这诗的艺术性的。

其实杜甫并没有立即离开长安，只是后来去到洛阳一次，也为时极短。他是打心眼里要在长安待下去，等候朝廷的选拔、任用的。天宝十载（公元751年），杜甫迎合玄宗的兴趣，作了《三大礼赋》，投在延恩匦里，献给玄宗，玄宗很赞许，召试文章，却无结果。直到天宝十四载，才被任命为河西县（今云南祥云附近）的县尉，杜甫没有到任。改任为右卫率府兵曹参军，管理东宫宿卫，杜甫到了职，这时他已经44岁。

从天宝五载到天宝十四载，杜甫在长安住了10年，多数时间都是在客舍里度过的，最后他把妻子接来，寓居于少陵以西的地方（今西安城南）。他的妻子是弘农杨家的女儿，年龄比他小十多岁，他们大概是在开元末年结婚。这时，杜甫靠着"卖药都市，寄食友朋"，他的生活越来越贫穷。他抱着谋求功名富贵的愿望，不断地写诗向当时的一些达官贵人如杨国忠的亲信鲜于仲通求援引，说什么"有儒愁饿死，早晚报平津"，这是杜甫思想里庸俗的一面。求援没有效果，最后不得不就任率府参军这个微末的职务。

长安是汉朝的都城，本为秦朝的乡名。唐朝大加扩建，成为一座雄伟的名城。人口大约接近一百万，在当时全国的大城市中是首屈一指的。由于工农业的稳定和发展，商业比较发达，道路也较畅通，使城市日益繁荣，因而封建统治阶级也日益成为豪富者，而人民则濒于贫困的境地，皇帝和大官僚的生活日趋奢靡腐化，舞马斗鸡，民力供应为难，加以不断又和吐蕃、南诏发生战争，社会的两极化非常鲜明。杜甫的诗歌对这些现象越来越广泛并逐步深入地做了忠实的描写和揭露，是他同时代的诗人都比不上的。杜甫在他和高适、薛据的诗中，已经写下了这样的忧心国家前途的诗句：

……秦山忽破碎，泾渭不可求，俯视但一气，焉能辨皇州？……

——《同诸公登慈恩寺塔》

杜甫草堂风景图

诗里他还用"惜哉瑶池饮，日宴昆仑丘"来暗写玄宗和杨贵妃的温泉游乐。对于贵妃姊虢国夫人等的骄奢淫逸，他还写了《丽人行》等来揭露。

另一方面，玄宗发动了对吐蕃的战争，在关中征兵出战，杜甫根据他在长安和各地的所见所闻，写了《兵车行》。这虽是乐府体，但自出己意立题，是一创新，以后的《悲陈陶》"三吏""三别"都如此。这诗描写战士出发时和家人离别，农业生产凋敝，人民生活困难，战士死亡累累：

> 耶孃妻子走相送，尘埃不见咸阳桥，牵衣顿足拦道哭，哭声直上干云霄。道旁过者问行人，行人但云点行频。……边庭流血成海水，武皇开边意未已，君不闻汉家山东二百州，千村万落生荆杞。……长者虽有问，役夫敢伸恨。且如今年冬，未休关西卒，县官急索租，租税从何出？……君不见青海头，古来白骨无人收，新鬼烦冤旧鬼哭，天阴雨湿声啾啾。

这里，揭露了封建统治集团急于征兵征税，造成民情的愤怨，社会的骚动和农业生产的破坏，"千村万落生荆杞"，这是当时全国农村悲惨景象的总图。透露了唐帝国的外强中干、开始走向下坡路的征象。这首诗是杜甫第一次较有力地抨击封建统治集团，是他的诗歌创作反映社会现实，走向广阔的现实主义道路的光辉的里程碑。这诗的艺术性也很强，如他抓住了"牵衣顿足拦道哭"的景象加以夸张，"哭声直上干云霄"，描写得多么生动。

诗圣杜甫

又如"新鬼烦冤旧鬼哭"完全是幻想，这一幻想的表现也加深了艺术感染的力量。这些又是浪漫主义的手法。杜甫的这一进展，可以说是由于他的仕途失意，眼睛稍稍往下看的结果。

杜甫逐渐注意人民生活，他写过《秋雨叹三首》。那是天宝十三载的秋天，长安久雨，共下了六十多天，秋收大受影响，物价飞涨，杨国忠却挑选长得较好的谷子

延安杜公祠内的正殿和碑亭

拿去给玄宗看，说雨水虽然多，但是没有损害庄稼。扶风郡太守房琯奏报了灾情，杨国忠便叫御史审问房琯，以后便没有人敢再说了。杜甫写道：

阑风伏雨秋纷纷，四海八荒同一云，去马来牛不复辨，浊泾清渭何当分？禾头生耳黍穗黑，农夫田父无消息，城中斗米换衾裯，相许宁论两相值？（第二首）

前四句写阴雨的景象。后四句写禾黍被损，城中饥荒的情况，由于杨国忠的淫威，农村消息阻隔。一斗米可以换到被盖，谁管它本来的价值相当不相当呢？这时，杜甫也不能不将妻儿们送到长安东北的奉先县（今陕西蒲城）去就食，而自己独留在长安。

杜甫在长安有几个好友，常常来往：郑虔任广文馆博士；诗人高适、岑参都从西北回来过；苏源明被调到长安做国子监司业。还有诗人储光羲和薛据也在长安。他们有时和杜甫一起出游，并彼此作诗唱和，互相观摩。

离乱中的歌唱

　　安史之乱是唐朝的重大政治事件，是唐朝由盛到衰的转折点，历史上称为藩镇之乱。藩镇跋扈、宦官专权和臣僚的朋党之争，成为唐朝灭亡的政治原因。而藩镇为乱的影响所及尤其深远。

　　杜甫由于他的经历，他的关心国事和朝廷安危，他的细心观察当时社会，所以他在天宝十一载写的《同诸公登慈恩寺塔》诗中已经见到国家的严重危机，写了"秦山忽破碎"以及"登兹翻百忧"的话。而在天宝十四载十月，他已经意识到大乱即将发生，在《奉同郭给事汤东灵湫作》里，把安禄山比做金虾蟆，说如果不收捕，就会变作长黄虬。

　　在11月的一天夜半，杜甫从长安出发，到奉先探看家人。这时安禄山反叛的迹象已很显露，玄宗也开始怀疑，但他不顾社会的混乱和人民生活的极端痛苦，还同贵妃在骊山（今陕西临潼东南）上的华清宫里享乐，很多大臣随从着他们。黎明的时候，杜甫从山下走过，他感到十分愤慨。到了奉先家里写了一首长诗《自京赴奉先县咏怀五百字》。

这诗可以分做三大段。第一大段160字是咏怀，四句一层，一层一转。说自己是"许身一何愚，窃比稷与契，……穷年忧黎元，叹息肠内热"。第二大段240字，写赴奉先途中所闻所见，也有咏怀。到骊山下，好一片隆冬作乐，歌舞升平的景象："蚩尤塞寒空，蹴踏崖谷滑，瑶池气郁律，羽林相摩戛，君臣留欢娱，乐动殷胶

安史之乱

葛。"他指出"彤庭所分帛，本自寒女出，鞭挞其夫家，聚敛贡城阙"的残酷压迫的事实，接触到了阶级的对立，但是他从封建士大夫的仁政思想出发，是不能了解阶级剥削的本质的。他接下去写道：

　　况闻内金盘，尽在卫霍室，中堂有神仙，烟雾蒙玉质。暖客貂鼠裘，悲管逐清瑟，劝客驼蹄羹，霜橙压香橘。朱门酒肉臭，路有冻死骨！荣枯咫尺异，惆怅难再述。

　　"朱门酒肉臭，路有冻死骨"，这虽然是从《孟子·梁惠王》的"庖有肥肉，厩有肥马，民有饥色，野有饿莩"来的，但却非常突出地表现了当时贫富悬殊的事实，很集中地概括了残酷的封建社会现实！语言精练，千百年来盛传人口。

　　第三大段150字写到家前后和咏怀。先写渭水渡口逃难的人很多，有人主张拆桥，虽未实现，但是"行李相攀援，川广不可越"。而且水势很急，"疑是崆峒来，恐触天柱折"，是暗忧朝廷将要覆亡。接写此行的原因是"老妻在异县（指奉先），十口隔风雪，谁能久不顾，庶往共饥渴"。那知到得家来，他的小儿子已经饿死了，他说："所愧为人父，无食致夭折！"但是想到自己毕竟还

杜甫亭

是士大夫中人，虽说官职卑微，还可以免去租税和兵役，而平民的痛苦却不堪言状，他这样写道：

默思失业徒，因念远戍卒。忧端齐终南，澒洞不可掇。

他忧念流离失所的人和出征士卒的思绪，积得像终南山一样的高，像大气的弥漫而不可拾取。这是对人民的深切同情。

　　杜甫这种关怀国事和同情人民的思想感情是可贵的，因为他在一定程度上揭露了封建统治集团的胡作非为，但他的出发点是忠于皇帝和朝廷，仍然不超出禹稷的己溺己饥之念，他的希望只在于缓和矛盾，减轻压迫，实现其"仁者"之政。他还处处为皇帝开脱，表现了他的愚忠，如说"生逢尧舜君，不忍便永诀"，"圣人筐筐恩，实欲邦国活"，"葵藿倾太阳，物性固难夺"等。此外，与消极退隐思想也未能决裂，如说"非无江海志，潇洒送日月，……终愧巢与由，未能易其节"。

　　这诗不仅思想性较强，而且艺术性也较高，主要是写得较深刻，如此500字的大篇，而变化转折又多，叙事、抒情、议论互相穿插配合得很好。过去有人说这首诗"真恳切至，淋漓沈痛"，"但见精神，不见语言"，这评语是很恰当的。杜甫在《进　赋表》中说他的诗"沉郁顿挫"，这首诗可以作为一个例证。

　　就在11月中旬，安禄山的大军反叛南下了，所过州县望风投降。杜甫在《后出塞五首》中写了一个远赴幽州，在安禄山部中与奚、契丹作战多年的兵士，于安禄山叛变时不肯降贼逃归。其第五首写道：

　　　　我本良家子，出师亦多门，将骄益愁思，
　　身贵不足论。跃马二十年，恐辜明主恩，坐见幽州骑，长驱河洛昏。中夜间道归，故里但空村，恶名幸脱免，穷老无儿孙。

第二首"借问大将谁？恐是霍嫖姚"。第四首"主将位益崇，气骄凌上都，边人不敢议，议者死路衢"，都是讥讽、指斥安禄山的。这诗和《前出塞》同样悲壮，而写景过之，如挽大弓，极用力量。过去有人把前后出塞十四首和《古诗十九首》比，其实杜诗的思想内容和两组诗的各有连贯都不是《古诗十九首》比得上的。

这年的12月，安禄山的队伍从灵昌郡渡黄河，攻下了洛阳。唐军副元帅高仙芝和新任范阳，

杜甫像

平卢节度使封常清在两都募兵十多万人，可是都战败了。副元帅哥舒翰又统率号称20万的蕃、汉军扼守潼关，但因监军骄奢，军中缺乏粮食，加之哥舒翰患病，部将又不团结，士卒便无斗志。而玄宗和杨国忠一再催促出战，结果于次年（至德元载）六月被敌将崔乾祐所败。哥舒翰被蕃将火拔归仁劫持投降了安禄山。玄宗听杨国忠的建议逃往西蜀，长安也陷落了。那时，杜甫把家人由奉先送到白水县去，又由白水去到鄜州（今陕西富县），在鄜州北的羌村寓居下来。而在8月里，杜甫个人更从羌村北行，准备去到玄宗的儿子肃宗即位的灵武（今宁夏回族自治区灵武西北），想对朝廷有所效力。但他被敌军俘虏了，敌人把他送回长安。杜甫愤懑地在敌人压迫下过了8个月的痛苦的俘虏生活，这是他的不幸，但也得以亲眼看见长安陷落后的悲惨景象，写出了不少政治性很强的诗篇，并且使他进一步关怀国家的命运和同情人民的疾苦，产生了更多的思想内容丰富的作品。

杜甫在沦陷后的长安写过几首怀念家人的小诗，其中有一首叫《月夜》的五言律诗，是这年中秋节写的：

今夜鄜州月，闺中只独看，遥怜小儿女，未解忆长安。香雾云鬟湿，清辉玉臂寒，何时倚虚幌，双照泪痕干？

　　这首诗的写法十分奇特，它开始不直接写自己思家，却从对面鄜州的妻子写去，摆脱跟前之境。三、四两句说遥怜儿女年幼，不懂回忆从前在长安一家团聚的生活，实说妻子在追忆，是照应第二句"独看"的，这样意思更曲更深。五、六两句写妻子看月时久，诗人的体贴入微。末尾诗人提出平定世乱共同赏月的希望，但难以如愿，所以发问说："何时倚虚幌，双照泪痕干？"这里"虚幌"应"闺中"，"双照"应"独看"，而"云鬟湿"和"泪痕干"也是互相照应和变化的。全诗的结构是每两句写对方，每两句兼言彼此，而中心却在写妻子。写妻儿也就有力地表现了诗人的思家之情。无笔不曲，无语不奇，真是难得的佳作。至德二载（公元757年），杜甫留在沦陷的京都长安城里。由于诗人对国家前途的无限忧虑和对家人的深切想念，长安的美好春景，只能使他更悲伤，于是他又写了一首《春望》，这是更著名的一首诗：

　　　　国破山河在，城春草木深，感时花溅泪，恨别鸟惊心。烽火连三月，家书抵万金，白头搔更短，浑欲不胜簪。

　　这诗前半写春望之景，景中有情，非仅恨别，更在感时。后半写春望之情，由烽火不熄而盼望家书的到来。结尾从鲍照"白发零落不胜簪"脱出，较原语更觉生动一些，虽然是赋而非比兴，但并不显直率而有言外之意。这首诗是杜甫五律诗中的上乘之作。

　　杜甫在长安被虏期中还写过《哀王孙》《悲陈陶》《悲青坂》《哀江头》等七言古诗。这些诗都是新乐府，咏的是当时的事，连诗题也是杜甫自创的。《悲陈陶》写宰相房琯领军败于陈陶泽（咸阳东）：

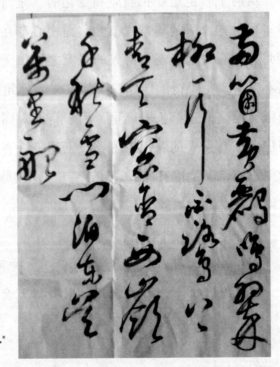

草书杜甫绝句

孟冬十郡良家子，血作陈陶泽中水，野旷天清无战声，四万义军同日死！群胡归来血洗箭，仍唱胡歌饮都市，都人回面向北啼，日夜更望官军至。

前半写唐军的青年战士血流成泽，4万战士没有经过什么战斗，自行溃败，同日牺牲。由于宦官邢延恩促战和房琯不知兵法，效古法用车战，以致全军覆没。诗的后半是杜甫在长安城中所见，胡人得胜入城狂歌饮酒，十分骄横，而人民向北哭泣，日夜盼望官军前来收复。寥寥数语而能将战后情况概括写出，可见杜甫在语言运用和诗歌表现方法上的熟练和巧妙。《悲青坂》结语说："焉得附书与我军，忍待明年莫仓卒。"用意非常深至。《哀江头》也不过20句，写唐玄宗、杨贵妃游幸的曲江已是一片荒凉景象："江头宫殿锁千门，细柳新蒲为谁绿？"接着写杨贵妃的生前和死后，今昔对照，末尾是诗人的哀伤和烦乱：

人生有情泪沾臆，江草江花岂终极？黄昏胡骑尘满城，欲往城南望城北！

过去有人把这诗和《长恨歌》比，加以褒贬。虽说其中有12句都写到杨贵妃，但杜甫实借以抒写个人的家国沦亡之感，思念故君和追想旧日繁华之情，与《长恨歌》的诗旨毕竟有所不同。这些诗表现了他的关怀国事，也可看出他的系心于皇帝和朝廷。这些诗和《春望》一样写得很悲伤。

这期间他还写过一首五言古诗《塞芦子》，主张屯兵芦关（延州西），他说：

芦关扼两寇，深意实在此，谁能叫帝阍，胡行速如鬼！

杜甫对朝廷的安危非常关心，他担心芦关失守，去灵武不过600里，胡人行军其速如鬼，不可不深为警惕。杨伦说这是"以韵语代奏议，洞悉时势，见此老硕画苦心"，是有见地的。

这年闰8月，肃宗让杜甫到鄜州去看望家人，他经过太宗昭陵（在陕西礼泉北50里），写了《行次昭陵》一诗，先叙太宗平乱，然后写贞观之治，重贤纳谏，再次写太宗在灾害中实行安抚："往者灾犹降，苍生喘未苏，指麾安率土，荡涤抚洪炉。"最后是诗人拜陵有感："松柏瞻虚殿，尘沙立暝途，寂寥开国日，流恨满山隅。"诗中写的是太宗的文治武功，但从结语可以隐约看出玄宗晚年荒怠致乱之意。这首诗概括性强，是对太宗的全面评价，更是杜甫对当时的世乱抚今思昔的吟叹。这是一首排律，除结句外，全篇对仗工稳而自然，可见杜甫熟练高超的艺术水平。

　　杜甫到鄜州后写下了《羌村三首》。这组诗流传极广，特别是第一首：

杜甫像

峥嵘赤云西，日脚下平地，柴门鸟雀噪，
归客千里至。妻孥怪我在，惊定还拭泪，世乱
遭飘荡，生还偶然遂。邻人满墙头，感叹亦歔
欷，夜阑更秉烛，相对如梦寐。

这里叙述还家所见，简直是戏剧化了的。"柴门鸟雀
噪，归客千里至"，写景如画；而"妻孥怪我在，惊定还
拭泪"，"邻人满墙头"，更使我们如临其境。第二首"娇
儿不离膝，畏我复却去"，也写出了幼孩的情状。第三首
邻里父老来访，写景又换："群鸡正乱叫，客至鸡斗争，
驱鸡上树木，始闻叩柴荆。"和第一首开始的自写归来不
同，又都各极其妙。邻里父老手携酒器说："莫辞酒味
薄，黍地无人耕，兵革既未息，儿童尽东征。"将国家大
事、社会状况从家常话中表现出来。这一组诗简直是一
套逼真的乱离图。

这一次回家后他还写了一首最长的纪行诗《北征》，
凡七百字，超过了《奉先咏怀》，而与后者同垂不朽。这
首诗的创作受有班彪《北征赋》、潘岳《西征赋》以及蔡
琰《悲愤诗》等的影响。诗中叙述他还家的前后经过，
沿途所见景物，和家人相会的情况，更时时追念国难，
主张收复失地，叙述、议论与描写三者结合得很好。其
大略如下：

　　皇帝二载秋，闰八月初吉，杜子将北征，苍茫问家室。……拜辞诣阙下，怵惕久未出，虽乏谏诤姿，恐君有遗失。……东胡反未已，臣甫愤所切，挥涕恋行在，道途犹恍惚，乾坤含疮痍，忧虞何时毕？……鸱鸟鸣黄桑，野鼠拱乱穴，夜深经战场，寒月照白骨。潼关百万师，往者散何卒？遂令半秦民，残害为异物。

杜甫塑像

况我堕胡尘，及归尽华发，经年至茅屋，妻子
衣百结。……至尊尚蒙尘，几日休练卒？仰观
天色改，坐觉妖氛豁。阴风西北来，惨淡随回
纥，……送兵五千人，驱马一万匹。此辈少为
贵，四方服勇决，……圣心颇虚伫，时议气欲
夺。伊洛指掌收，西京不足拔，官军请深入，
蓄锐可俱发。此举开青徐，旋瞻略恒碣，……
祸转亡胡岁，势成擒胡月，胡命其能久，皇纲
未宜绝。忆昨狼狈初，事与古先别，奸臣竟菹
醢，同恶随荡析，不闻夏殷衰，中自诛褒妲。
……凄凉大同殿，寂寞白兽闼，都人望翠华，
佳气向金阙。园陵固有神，洒扫数不缺，煌煌
太宗业，树立甚宏达。

这样的长篇写得淋漓尽致，并不杂乱，因为句有过
脉，或结上，或起下，既有变化，又有照应，忽反忽正，
穷极笔力。就思想性说，黄庭坚说是"书一代之事，与
《国风》《雅》《颂》相为表里"，唐汝询说"经（世）济
（民）莫备于《北征》"。这是一首政治性很强的叙事诗，
杨伦说它和《奉先咏怀》是"集内大文章，见老杜平生
大本领，所谓巨刃摩天，乾坤雷硠者，唯此种足以当
之"。又说："五古前人多以质厚清远胜，少陵出而沉郁

杜甫和《茅屋为秋风所破歌》

顿挫，每多大篇，遂为诗道中另辟一门径，无一语蹈袭汉魏，正深得其神理。"我们应该对杜甫这两篇纪行而兼自述的长诗作充分的估价。

杜甫在鄜州还写了排律《喜闻官军已临贼境二十韵》，他痛斥胡骑："鼎鱼犹假息，穴蚁欲何逃，……乞降那更得，尚诈莫徒劳。"官军和回纥、西域联军既到，"喜觉都城动，悲怜子女号，家家卖钗钏，只待献香醪"。9月，唐军收复长安，他又有《收京三首》，也是律诗。

10月，唐军收复洛阳。11月，杜甫全家迁回长安。

途中再过昭陵，他又写了《重经昭陵》一首排律，比前首句数减半，诗中赞扬太宗说："草昧英雄起，讴歌历数归，风尘三尺剑，社稷一戎衣。"结语是"陵寝盘空曲，熊罴守翠微，再窥松柏路，还有五云飞"。因为是收京后作，心情欢悦，就不像前首那样悲慨了。

杜甫回到长安以后，开始过着较平静的仕宦生活，他说："近侍即今难浪迹，此生那得更无家？"他写了一些表现宫廷和个人生活的诗。但在乾元元年（公元758年）3月也写过《洗兵马》，这首诗以议论出之，而情深感人，语尤精练，表现了杜甫的关心国家大事，注意农业生产和人民生活。

此外，《春宿左省》《晚出左掖》《送贾阁老出汝州》（贾至这年春为谏将军王去荣杀富平令杜徽而肃宗诏免死事出为汝州刺史）《奉赠王中允维》《义鹘行》也有可取之处。其余则单纯写的宫城中的富贵气象，或者写的皇恩浩荡，还有是表现他个人的愤懑、颓丧感情的，如《腊日》《奉和贾至舍人早朝大明宫》《宣政殿退朝晚出左掖》《紫宸殿退朝口号》和《曲江二首》《曲江对酒》《端午日赐衣》等都是。

"三吏"和"三别"

杜甫外贬为华州司功参军，也是因为上疏救房琯一案的缘故。

可是这年年底他到了东都洛阳，却又高唱：

> 北庭送壮士，貔虎数尤多，精锐旧无敌，
> 边隅今若何？妖氛拥白马，元帅待雕戈，莫守
> 邺城下，斩鲸辽海波。
>
> ——《观兵》

前四句写镇西北庭节度使李嗣业的大军，"边隅"句问前线形势，杜甫非常关心。天宝末年，杜甫在长安曾经和李嗣业一起饮过酒，至德末过邻州时又曾向李借马回鄜州，这年秋日在华州时称赞他"临危经久战，用急始如神"，"谈笑无河北"；李嗣业的军队纪律严明，"竟

日留欢乐，城池未觉喧"，杜甫对他是很敬仰的，相信他的军队"足以静风尘"。第六句是希望朝廷以元帅授郭子仪，当时肃宗以子仪、光弼都是元勋，难相统属，所以没有置帅，而以宦官鱼朝恩为观军容宣慰处置使，这是很错误的。杜甫所以写末尾两句，是因为郭子仪等七节度使率大军20万，肃宗又叫李光弼、王思礼两节度使率兵相助，围安庆绪军于邺城，安庆绪守城不出，向史思明求救，这时杜甫主张直捣幽燕史思明的老巢。接着史思明占据魏州（今河北大名），李光弼也请求和郭子仪联

杜甫像

军逼魏州，说史思明鉴于嘉山（在常山郡东，今河北省定州市）之败，必不敢轻出，安庆绪盘踞下的邺城便收复了。观军容使鱼朝恩却不同意，后来进攻邺城的唐军竟增至步骑兵60万，阵于安阳河北。李光弼、杜甫的意见是正确的。

杜甫从东都回华州的时候，正遇相州兵溃。这一次大军溃败，主要是肃宗没有设置统帅，因而号令不一，加以粮食被史思明截夺。这次溃败比潼关之败更为可耻。杜甫亲眼看见这次战役后的社会现象，用他的诗歌作了较忠实的纪录。

杜甫这次东行对他的创作影响很大，他的眼界比在长安时开阔多了，他耳闻目睹了当时社会上的各种政治经济的情况和消息，对人民的生活较多一些了解，因而不断地写出好诗。要说是诗史，这首先是诗的政治史和社会史。这些诗不仅思想内容丰富深刻，艺术表现和语言运用等也都值得我们注意。

这些诗中突出的是"三吏""三别"。在杜甫的五言古诗中，《奉先咏怀》和《北征》是歌咏朝廷、皇帝和诗人自己的，而这次东行归来所写的"三吏""三别"则完全歌咏人民和下层社会，诗的题材内容是扩大了，唐汝询说："杜五言古，体情莫妙于'三别'，叹事莫核于'三吏'。"诗的艺术表现手法也发展了，比如，用组诗的

杜甫草堂博物馆

形式，各篇题旨相近，而题材不同，分开来是短篇，合起来是长篇，是《前出塞九首》《后出塞五首》的进一步发展，和长篇的《奉先咏怀》《北征》都是杜甫五言古诗的代表作。

但是这两组杰作历来遭到冷遇，很多选本不取，且在诗话诗评中，也有不少人加以贬抑或歪曲，如明朝人陆时雍说杜甫"以意胜而不以情胜"，清朝人施闰章说是"伤于太尽"，或者认为艺术上粗糙，言不雅驯，等等，都是错误的。

当杜甫从东都回华州，到了新安县（今河南省新安县）的时候，恰遇县吏征兵，县里壮丁早已征完，相州之败的严重性可以想见。河南府里的公文便叫挑选那些从来没有受过训练的中男去前线作战，杜甫在《新安吏》中写道：

> ……中男绝短小，何以守王城？肥男有母送，瘦男独伶俜，白水暮东流，青山犹哭声。莫自使眼枯，收汝泪纵横，眼枯即见骨，天地终无情。

杜甫对于人民的疾苦表示深切的同情，先说中男极为矮小，次用有母的"肥男"来衬托孤苦的"瘦男"，"白水"句比喻行者走了，"青山"句写哭声未已，即景言情。"天地"句是说"神明"终归无情，实际上在指责朝廷。虽然如此，但这毕竟是抵抗反叛者的战争，这个战争本身是正义的，所以后段转用安慰鼓励的口气写道：

> 我军取相州，日夕望其平，岂意贼难料，归军星散营。就粮近故垒，练卒依旧京，掘壕不到水，牧马役亦轻。况乃王师顺，抚养甚分明，送行勿泣血，仆射如父兄。

　　粮食，没有问题，东都仅在操练，还没有临阵，掘壕不深，牧马役轻，王师义正，优恤部伍，仆射爱下，亲如父兄。这一连串的安慰之辞，诗人也真设想得周到，不过其中也有与真实情况不一致的地方。

　　杜甫再从新安往西，到了石壕村（今河南省三门峡市陕洲区），看见这里的征兵不是白天来挑选，而是夜里来捕捉了。他写了一首《石壕吏》，写一个老翁翻墙逃走，老妇出来应承的故事。他用"吏呼一何怒，妇啼一何苦"来表现那个紧张的场面，并借老妇的口来叙述这

杜甫像

一家人的苦难，她愿意应征去到河阳前线：

听妇前致词：三男邺城戍。一男附书至，二男新战死，存者且偷生，死者长已矣。室中更无人，惟有乳下孙，有孙母未去，出入无完裙。老妪力虽衰，请从吏夜归，急应河阳役，犹得备晨炊。

这一段话说得多么哀切动人。诗人又用"夜久语声绝，如闻泣幽咽"两语来表现夜深的静寂和泣声如缕，而结尾写诗人自己"天明登前途，独与老翁别"，见得老妇已应征而去。三个儿子征尽，竟至征到老妇身上，封建统治的黑暗严酷被表现得十分具体和深刻。

他继续西行，到了潼关，关上正在加紧修筑，预防史思明的军队攻来。他又写了一首《潼关吏》："士卒何草草，筑城潼关道。……连云列战格，飞鸟不能逾。胡来但自守，岂复忧西都？"但想到从前守关的哥舒翰因杨国忠的促战而轻于出兵以致惨败，杜甫忍不住对关吏发出如下的哀叹和忠告：

哀哉桃林战，百万化为鱼，请嘱防关将，慎勿学哥舒。

　　这些就是杜甫诗中流传最广最为读者所称道的"三吏"。这三个故事是杜甫从大量的社会现象中挑选和概括出来的。

　　他在从东都到潼关的路上，还看见过不少的新婚男子出征、老年出征以及战士还乡后的无家可归又被召服役，他把这些社会现象概括地写成了同样著名的"三别"。《新婚别》用征妇的口吻深刻地写道：

诗圣杜甫

兔丝附蓬麻，引蔓故不长，嫁女与征夫，不如弃路旁。结发为君妻，席不暖君床，暮婚晨告别，无乃太匆忙！

她想要跟着去到军中，但形势不许可，于是转过来劝慰征夫说："勿为新婚念，努力事戎行。"而思念之情却是长久不变的："人事多错迕，与君永相望。"

《垂老别》更悲壮了。这个老人一点不像《石壕吏》里的那个老翁要翻墙逃走，他的年龄可能略小一些，但他却不如石壕村的那个老翁还有媳妇和孙子，他家中除了老妻外没有任何人了。诗的开首写他登上征途时的心情和气概：

四郊未宁静，垂老不得安，子孙阵亡尽，焉用身独完？投杖出门去，同行为辛酸，幸有牙齿存，所悲骨髓干！男儿既介胄，长揖别上官。

这里的"子孙阵亡尽，焉用身独完"两句，其悲痛也不下于上引《石壕吏》中老妇的一段话，或者说还要超过它，"投杖出门去"六句尤其叫人对当时的役政的腐败感到愤恨。下面接着写他的老妻穿着单衣睡在路旁啼哭。出征的老人为老妻的寒冷悲伤，老妻也知道她的丈

夫此去必然不再回来了，但还是劝他加餐保重身体。接着是征夫安慰老妻说土门、杏园（当在河阳附近）都和邺城形势不同，不会很快战死，当然也不敢说自己真的还有希望奏凯归来。可是想到敌势还很猖獗，老人的一颗爱国的心跃然纸上：

> 万国尽征戍，烽火被冈峦，积尸草木腥，流血川原丹。何乡为乐土，安敢尚盘桓？弃绝蓬室居，塌然摧肺肝。

这和石壕村老妇的请求"急应河阳役"同样地表现了劳动人民对于反叛乱的正义战争积极支持的鲜明态度。杜甫对不同人物的不同性格，描写得各如其分。

《无家别》是写相州溃败后战士回到家乡，但见一片荒凉景象，说明安史发动的叛乱对于农业生产和人民生活的严重破坏，战士以悲痛的语言叙述道：

> 寂寞天宝后，园庐但蒿藜，我里百余家，世乱各东西。存者无消息，死者委尘泥，贱子因阵败，归来寻旧蹊。久行见空巷，日瘦气惨凄，但对狐与狸，竖毛怒我啼。四邻何所有？一二老寡妻。

既然已经回来了，便做起庄稼来，"县吏知我至，召我习鼓鞞"，虽说是在本州服役，但已经没有家了，无论居住远近都一样无依无靠。现在还能和什么人离别呢？"内顾无所携"，所以叫作"无家别"了。这三首诗就是同样流传在我国广大读者中的"三别"。

"三吏""三别"是杜甫诗歌中的名篇。这六首诗将各种人物描写得惟妙惟肖，将曲折的隐情表现得淋漓尽致，把当时的客观现实集中地反映了出来，表现了诗人的关怀国家命运和同情人民疾苦的思想感情。不论县吏、关吏、老妇、新妇、老人、孤人的语言，都各如他们的口吻，说明杜甫大胆使用人民语言取得一定的成功。这些诗都是他所创造的新乐府。比起那种较为典雅的《奉先咏怀》和《北征》等纪行诗来，也是别开生面，其艺术价值绝不在后者之下。

乾元二年（公元759年）夏天，杜甫回到华州，那时久旱无雨，他写了《夏日叹》和《夏夜叹》，悲叹人民的生活无着和乱事未平，战士久在边疆。这比起天宝十三载写的《秋雨叹三首》，更多了时代的气息，政治性更为加强。杜甫因为自己的外贬，对社会生活有了较多的了解，因而更关怀时局，对人民的同情也比以往加深了。

漂泊在秦州和陇蜀道上

　　乾元二年的秋天，杜甫因为关中饥荒，便弃官把全家迁到秦州（今甘肃天水西南）去。这是《新唐书》本传的说法。杜甫的诗里也说："满目悲生事，因人作远游。"饥荒诚然是重要的原因。但是，他的诗里还说："平生独往念，惆怅年半百，罢官亦由人，何事拘形役？"说明弃官不完全是他自己的意思，还有别的政治原因。可以设想，杜甫的精神上是很苦闷的。他亲眼看见相州战役的溃败，社会动荡不安，人民痛苦很深。朝廷里又是当时已立为皇后的张良娣和宦官李辅国等专权，加上贺兰进明、崔圆等人屡次向肃宗进谗言，使较为正直的大臣如张镐等都被贬黜。杜甫本人贬到华州后，华州那位姓郭的刺史怕也因为他救房琯而被贬，对他不好，所以杜甫诗中虽写了簿书堆积，而于郭的为人一语不提。这些就是他所谓"罢官亦由人"的具体情况。他离开华州，为什么要到秦州去？因为长安是不能回去的了，他的从侄杜佐在秦州建了茅屋，原京城大云寺主赞上人谪居秦州，在那里也有窑洞，或者他们会对杜甫有些帮助，杜甫也可以翻过陇山到那里去经营一个安家的地方。

杜甫在秦州生活很贫苦，但他不忘国事，在《遣兴三首》《留花门》等诗中都有反映。特别有名的一首《佳人》，写他所见的一个在乱离中被丈夫遗弃的女人，她独居于幽深的山谷中。这个弃妇向人叙述她的遭遇说：

> 关中昔丧乱，兄弟遭杀戮。……世情恶衰歇，万事随转烛，夫婿轻薄儿，新人美如玉。合昏尚知时，鸳鸯不独宿，但见新人笑，那闻旧人哭？

这后两句是从古诗《上山采蘼芜》的"新人从门入，故人从阁去"变化来的，说透了封建士大夫喜新厌旧的轻薄无情。全诗只是叙写，不用议论，后半赋中用比，如以"摘花不插鬓，采柏动盈掬"表现佳人的容颜憔悴和不改贞节。这个形象是对当时现实中妇女遭遇的实写，也可以说是杜甫借以抒写他自己的政治遭遇。

杜甫在秦州的时候，李白因为参加过永王李璘的起兵，兵败后被肃宗流放到夜郎（今贵州省），中途遇赦放

杜甫在秦州

还，但杜甫却不知道。杜甫一连三夜梦见了他，便疑心他已经死了，于是写了《梦李白二首》，对李白的不遇和坎坷深致同情：

> 冠盖满京华，斯人独憔悴。孰云网恢恢，
> 将老身反累？千秋万岁名，寂寞身后事。（其
> 二）

这可以说是对李白生前身后的概括和评定。此外，他还有诗寄给因得罪权贵外贬的诗人高适、岑参以及贾

至、严武等人。后来得到李白的消息又写了《寄李十二白二十韵》。

杜甫在秦州的创作最重要的还有《秦州杂诗二十首》，这是一组五言律诗。从这时期的作品看，杜甫已经将五言诗运用到极纯熟的地步，提高到新的阶段。《秦州杂诗》的内容是丰富的，有游览、有感怀。如说"清渭无情极，愁时独向东"（其二），"俯仰悲身世，溪风为飒然"（其十二）。写到吐蕃作乱，相州兵溃，写到鼓角、天马、戍卒、使臣、驿亭、寺院、东柯谷、仇池穴……山川城郭，东西战事，无所不咏。试看其中第七首：

　　莽莽万重山，孤城山谷间，无风云出塞，不夜月临关。属国归何晚，楼兰斩未还，烟尘一长望，衰飒正摧颜。

这里把重山高城描写得多么逼真。20首诗写景很多，各尽其妙。宋人林亦之说："杜陵诗卷是图经。"（《送蕲师》）但《秦州杂诗》和别的陇蜀纪行诗都不只是图经，如上引这首诗写出使吐蕃的人未回，西征的军队未胜，长望而忧形于色，更是诗人自己的生动的写照。第18首说："警急烽常报，传闻檄屡飞，西戎外甥国，何得迕天

浣花溪公园

威?"而末首"唐尧真自圣，野老复何知"云云，简直是咏怀了。

　　杜甫秦州的五律有不少谈到吐蕃作乱的可虑，也有谈到与回纥和亲，借兵平乱失败的，如《寓目》《捣衣》《夕烽》《日暮》和《即事》等。《捣衣》诗说，"亦知戍不返，秋至拭清砧，……宁辞　衣倦，一寄塞垣深。"这是写战士戍边防备吐蕃进攻的。《夕烽》诗说："照秦通警急，过陇自艰难，闻道蓬莱殿，千门立马看。"《即事》诗说："闻道花门破，和亲事却非，……群凶犹索战，回首意多违。"还有一些送别诗，如《送远》说，"带甲满天地，胡为君远行，亲朋尽一哭，鞍马去孤城。"《送人从军》诗说："弱水应无地，阳关已近天，今君度沙碛，累月断人烟。"都是很使人感动的。

　　还有一些咏物诗，诗人也对自己的遭遇有所借喻，如《归燕》《促织》《蒹葭》《苦竹》《除架》《废畦》《病马》《蕃剑》《铜瓶》等。《蒹葭》诗说他自己"江湖后摇落，亦恐岁蹉跎"。又《萤火》讽刺宦官："幸因腐草出，敢近太阳飞，未足临书卷，时能点客衣。"他们虽然谗毁善良的人，但是"十月清霜重，飘零何处归"，终于是要灭亡的。《空囊》诗写他自己的贫穷："翠柏苦犹食，明霞高可餐，……不爨井晨冻，无衣床夜寒。"末二语说"囊空恐羞涩，留得一钱看。"虽然是戏语，但很工致，

《杜肸》据伪苏注以此属之晋人阮孚，后世便称"阮囊羞涩"，其实靠不住的。这样的诗下开孟郊、贾岛一派，影响很大。

杜甫在秦州不能久住下去。他的侄儿杜佐没有怎样帮助过他。在这年的10月，杜甫全家又离开秦州往同谷（今甘肃成县）。原来是同谷的县令写信欢迎杜甫前去的。杜甫听说那里多产薯蓣，山崖多黑蜂产的石蜜，竹林中多冬笋，吃饭的问题比较容易解决。他说是"藏书闻禹穴，读记忆仇池（在同谷西）"，又说："无食问乐土，无衣思南州。"他是兴致勃勃地前去的。可是当他一家人到了赤谷（秦州西南7里）的时候，就感到"山深多苦风，落日童稚饥"。

他经过铁堂峡（秦州西70里），到了盐官城（今甘肃西和东北），盐的官价每斗三百钱，商人一转手就增至两倍，杜甫反对这种不合理的重利盘剥。这时杜甫还衣裳单薄，经过寒峡、法镜寺到了青阳峡，写有《青阳峡》一诗，诗中追述了经过垅坂时所看见的景物，并且描写了青阳峡的巍峨、突兀的形象。以后到了同谷东的龙门镇、石龛、凤凰台等地，每到一地，都写一诗。他在《石龛》一诗中写道：

伐竹者谁子？悲歌上云梯，为官采美箭，

五岁供梁齐。苦云直𨐓尽，无以应提携，奈何渔阳骑，飒飒惊蒸黎！

由此可见，杜甫是时时注意广大劳苦人民的疾苦的。《凤凰台》幻想台上会有一只凤雏，诗人说愿用自己的血供它饮，用自己的心当竹实供它食，让它长出彩翮，纵放八极，口衔瑞图奉给皇帝，天下就会从此太平，"再光中兴业，一洗苍生忧"了。这里用的是浪漫主义的手法，仍然表现了他的忠君思想，希望再得为朝廷出力，但他的想望是根本不能实现的。从秦州到同谷，他一共写了12首纪行诗。

到同谷后的情况和他的想法完全相反，那位同谷县

杜甫草堂

令也没有伸出过援助的手，杜甫一家在那里靠拾橡栗来过活。这时杜甫年才48岁，就已白发蔽耳，手脚冻裂。他做了《乾元中寓居同谷县作歌七首》，节短音促，淋漓顿挫，是杜甫西行诗中的名篇。其中有对故乡的思念，有家人离别的哀愁，有对时局的忧虑，也有穷老做客的愤激话。这是他一生最穷困的时期，而感情也很是悲伤低沉。此外还有《万丈潭》一诗，俗传潭中有龙飞出，但杜甫当然并没有看见。

他在同谷县只住了一月光景，就在这年12月1日出发到成都去了。这次南行到成都的途中所经各地也多有诗，自《发同谷县》到《成都府》共12首，也是一组五言古诗。《发同谷县》诗里说："奈何迫物累，一岁四行役？"这是说公元759年一年内，他由东都到华州，由华州到秦州，由秦州到同谷，如今又由同谷到成都府，最后这段旅程越来越远了。沿途经过木皮岭、白沙渡、水会渡、飞仙阁、五盘、（以下入蜀）龙门阁、石柜阁、桔柏渡、剑门、鹿头山等地，都各写一诗。《木皮岭》诗中说："远岫争辅佐，千岩自崩奔，始知五岳外，别有他山尊。"《石柜阁》说："石柜曾（同层）波上，临虚荡高壁，清晖回群鸥，暝色带远客。"《桔柏渡》写桔柏江上的竹桥说："青冥寒江渡，架竹为长，桥，竿湿烟漠漠，江永风萧萧。连筏动嫋娜，征衣飒飘飘……"这些都是写得使人如临其境的。《五盘》更写到国事：

> 东郊尚格斗，巨猾何时除？故乡有弟妹，
> 流落随丘墟，成都万事好，岂若归吾庐？

《剑门》诗里还为地方割据担心："并吞与割据，极力不相让，吾将罪真宰，意欲铲叠嶂，恐此复偶然，临风默惆怅。"在《鹿头山》诗里说："及兹险阻尽，始喜原野阔。"就在这广阔的平原上，屹立着成都古城，这是唐玄宗不久以前逃难的地方。成都本来是秦朝张仪与司马错灭蜀后开始筑城的，经过历代的扩建，到中唐时代大约和今城的规模差不多。以当时成都府所属10县共16万户92万人计，成都大约有4万户10万人（杜甫后在《水槛遣心二首》中说："城中10万户。"是夸张的说法），因为玄宗的来到，至德二载建都为南京。杜甫在《成都府》中歌颂了这座名城，却又表现了依然怀念中原的心情：

> 曾城填华屋，季冬树木苍，喧然名都会，
> 吹箫间笙簧。信美无与适，侧身望川梁，鸟雀
> 夜各归，中原杳茫茫。

同谷的春天

　　这和《五盘》一样，他的爱家乡也是他的爱国思想
的表现。

　　杜甫这些纪行诗歌唱了祖国的壮丽山河，引起了我们
的美感，使我们感到自豪，想去游览。而更重要的，是这
些使写作时诗人往往能够触景生情，表现了他的关心国事
和同情人民的疾苦。就艺术性说，也是"新奇俊拔，各首
自辟境界"的。这些诗是《秦州杂诗》的进一步发展。

两 川 流 寓

　　杜甫到西川成都后，暂住西郊浣花溪边的草堂寺。草堂寺是一个古寺。在南齐时就已经有了。浣花溪有三丈来宽，好像一条小河，曲曲折折地从西往东流着，一年四季都有流水，到春夏时水位涨些，可以划行小船。溪边疏疏落落有些人家（杜甫南邻有朱山人、斛斯融，北邻有县令某，《江上独步寻花七绝句》还说到黄四嬢家），大约都是茅屋，春来处处花开，夏天水边长满芰荷，风景异常幽美。上元元年（公元760年）年初，杜甫便在这里选择了一块有林塘之胜的地方，准备建一座茅屋。他的表弟王十五在蜀中做司马，给他送来修建费，他又从一些相识处要来各种树秧，亲自种植。

　　这座新建的草堂是杜甫和他家人苦心经营出来的，经过很多周折，他们才算暂时有了一个安居之地。杜甫写过一首《堂成》的七言律诗：

　　　　背郭堂成荫白茅，缘江路熟俯青郊，楷林
碍日吟风叶，笼竹和烟滴露梢。暂止飞乌将数
子，频来语燕定新巢，旁人错比扬雄宅，懒惰
无心作《解嘲》。

　　这诗前半写草堂的规模和林景，五、六两句写禽鸟
有巢，以比喻自己的得携妻儿安居，但说是"暂止"，说
是"错比扬雄宅"，杜甫考虑到他以流离之人，未必能住
得长久，他是仍然怀念着中原的。

　　杜甫笔下的草堂风光是十分美丽的，如"风含翠篠
（竹）娟娟净，雨裹红蕖（荷）冉冉香"，"杨柳枝枝弱，
枇杷树树香"，"自去自来梁上燕，相亲相近水中鸥"，
"细动微风燕，轻摇逐浪鸥"。但是就在这一些诗句写作
的同时，他也写过：

　　　　长路关心悲剑阁，片云何事傍琴台？王师
未报收东郡，城阙秋生画角哀。

　　　　　　　　　　　　　　　　　——《野老》

　　这里是说北归的路途遥远，而剑门恐为乱军所据，
自己在成都独对琴台，好像片云似的，飘浮莫定，京东

少陵草堂风景图

诸郡还在敌人盘踞之下，成都城上角声很悲，令人不忍听闻。诗人总是把自己和国家的命运联系在一起的。

他到过成都南郊的武侯祠，有七律《蜀相》一首，表现了他对诸葛亮的敬仰："三顾频烦天下计，两朝开济老臣心。"这里也表现了杜甫的忠臣思想。结语"出师未捷身先死，长使英雄泪满襟"，惋惜他的北伐未胜。这诗写得悲壮遒劲，一直流传在广大读者之中。

杜甫在成都看到当代著名画家韦偃、王宰的画。王宰画的是山水，杜甫题画歌的后段说：

尤工远势古莫比，咫尺应须论万里，焉得
并州快剪刀，剪取吴松半江水？

　　　　　——《戏题王宰画山水图歌》

　　杜甫有时喜欢这样用夸张的手法来写诗。结尾两句
有力地表现了诗人的豪兴，对着王宰的山水图回想起他
年轻时游赏过的吴松江水，竟要用剪刀剪取，更表现了
山水图的十分使人喜爱。他又在《戏韦偃为双松图歌》
中对喜画屈曲老松的韦偃说：

　　我有一匹好东绢，重之不减锦绣段，已令
拂拭光凌乱，请公放笔为直干！

　　这也是不胶着在画图本身的联想。

　　这年秋天，杜甫到蜀州新津去，与诗人裴迪相见，
不久回到成都。他又写了"闻道河阳近乘胜，司徒急为
破幽燕"，"恋阙丹心破，沾衣皓首啼"之类的诗句。又
有《建都十二韵》反对吕諲请以荆州置南都，杜甫认为
应该迅速平定北方，不该在东南虚张声势，诗里说：

　　苍生未苏息，胡马半乾坤，议在云台上，

《春夜喜雨》杜甫

谁扶黄屋尊？……时危当雪耻，计大岂轻论？
……愿枉长安日，光辉照北原。

　　杜甫虽然总要想到维护皇帝的统治，但诗的结尾也
有劝谏肃宗应当收复失地的意思。
　　冬天，梅花初开的时候，裴迪寄了一首诗来，是他
登蜀州东亭逢早梅因忆杜甫而做的，诗里致歉说没有能
折赠一枝，杜甫答诗说：

　　幸不折来伤岁暮，若为看去乱乡愁，江边

一树垂垂发，朝夕催人自白头。

——《和裴迪登蜀州东亭送客逢早梅相忆见寄》

　　说你幸而没有折来，免我想到岁暮而悲伤，如何可去蜀州同看，更引起我思乡的愁绪，我这里江边的一株梅花看起来已经够叫人伤心的了。第二年初，高适赠杜甫的七言诗也说道"遥怜故人思故乡"，"梅花满枝空断肠"，和这是有关系的。这些诗的调子都有些低沉。

　　上元二年（公元761年）春天杜甫再游新津，不遇裴迪，独自一人两次到了修觉寺，写下了"野寺江天豁，山扉花竹幽，诗应有神助，吾得及春游"以及"江山如有待，花柳更无私"的名句，都是写美景的，但是他也有诗说，"红入桃花嫩，青归柳叶新，望乡应未已，四海尚风尘。"再美丽的风景和再平静的生活也不能不使杜甫想到当时的国事。

　　不过杜甫有了草堂以后，过的是近乎隐居的生活，和社会联系很少，在成都只是和邻人朱某、斛斯融等略有往来，他说过"渐喜交游绝，幽居不用名"的话。在蜀州，也只是和裴迪、刺史王某、新津县令、青城县尉常某等人来往，生活接触面不广，这样就使他的某些作品的题材，比较狭窄。比如《绝句漫兴九首》《江畔独步

杜甫草堂内饰

寻花七绝句》，形式上非常自然而多变化，音节优美，能大胆使用人民的语言，很像竹枝词，但是内容就没有接触到当时的社会生活，而且还有避世、颓废的感情的表露。虽然后诗也有两三首写得很健康优美，但是并没有能够改变全组诗的上述情况。当然，象《客至》《寒食》《春夜喜雨》《水槛遣心二首》的第一首等，虽然没有写什么重大题材，但是给人清新的美感，仍然是写景咏物的佳作。

　　杜甫初到草堂的两年多，所写的几首著名的歌行体七言古诗是应该大书特书的，那就是《楠树为风雨所拔叹》《茅屋为秋风所破歌》以及《石笋行》《石犀行》《杜鹃行》《戏作花卿歌》等。前两首应该是叙实，过去有人说是杜甫比喻他在节度使严武等人死后失去倚靠，也有人说是讥刺唐玄宗和杨贵妃的，这都是出于附会，不过杜甫总该对自己的生平和当时社会的混乱有所寄慨。大楠树倒了，"草堂自此无颜色"，茅屋破了，"床头屋漏无干处"，这和国家自大乱以来的情况不是相类似吗？当树倒屋破的时候，他不止于自叹，而是立即想到在树下憩息的那些行人和自己一样都要遭霜雪之苦，不得再听见如竽籁般的风吹树叶的声音了，他还进一步想到社会上

杜甫茅屋故居

众多的受冻的人，在战乱中流离失所的人，比他自己更不幸的人，于是他提出了这样的愿望：

> 安得广厦千万间，大庇天下寒士俱欢颜，
> 风雨不动安如山。呜呼！何时眼前突兀见此屋，
> 吾庐独破受冻死亦足！
>
> ——《茅屋为秋风所破歌》

这里虽然说的是"寒士"，但其实是包括贫穷的庶民的，这也是他的"己溺己饥"的稷契思想的体现，而结句还有舍己为人的意思。白居易的《新制布裘》里的"安得万里裘，盖裹周四垠，稳暖皆如我，天下无寒人"就是受了他的影响写出来的。

杜甫在梓州眼见上年（上元二年）梓州刺史段子璋叛乱后的荒凉景象，写了《光禄坂行》《苦战行》《去秋行》等诗。而成都徐知道作乱后，也是"一国实三公，万人欲为鱼"，这也反映了地方藩镇跋扈，不听命令的情况。杜甫怀念草堂，说篱边的菊花谢了，也无人观赏。大约在冬初，他叫兄弟杜占到成都把他的妻子接来，才免除了对家人安全的担心。

杜甫到射洪金华山去看过以改革诗风著名的唐初诗人陈子昂的读书堂，又到武东山去看过陈子昂的故居，

又到通泉县（今射洪东南）去看过郭元振在这里做县尉时的故宅。他赞扬郭元振从睿宗诛太平公主，说"定策神龙后，宫中翕清廓，俄顷辨尊亲，指挥存顾托"。郭元振也能诗，以《宝剑篇》著名。还有郭的朋友薛稷，书画兼长，杜甫在县署壁上看过他的画鹤，画色快褪尽了，可是还矫然出尘，神气十足。这些，都引起杜甫很大的兴趣。

杜甫回到梓州，广德元年（公元763年）的春天，他写了著名的作品《闻官军收河南河北》。因为上年10月，唐军打败了史朝义（史思明的儿子）的军队，东都和河阳城都收复了，其后贼将张献诚、薛嵩、张忠志、田承嗣、李怀仙先后以河南河北之地投降，捷报传来，杜甫万分兴奋，他放笔写起来了：

> 剑外忽传收蓟北，初闻涕泪满衣裳，却看妻子愁何在？漫卷诗书喜欲狂。白日放歌须纵酒，青春作伴好还乡，即从巴峡穿巫峡，便下襄阳向洛阳。

读这首诗使我们感到极其兴奋，无怪浦起龙说是"其疾如飞，……（杜甫）生平第一首快诗"。杜甫听见收复失地而回思乱离，不禁喜极而泣。接着转入轻快，

"却看妻子愁何在？漫卷诗书喜欲狂"，写仓促之间转变得快。"青春"句说的是一路花明柳媚，能助行色。七、八两句从"还乡"生出，直写还乡之路。全诗势如潮涌，波涛澎湃，一气呵成，绝无一点做作，并且连用六地名，丝毫不觉堆砌。这首诗不论就它的爱国思想和乐观精神说，或者就艺术表现力说，都是杜诗中最杰出的作品之一。

杜甫久想回到长安，但是代宗无意召回重用他。他更不忘去到荆吴，因为他的祖籍是襄阳，他又曾游吴越，有些亲友，而名胜古迹更引人系念。当朝廷仅仅任命他

《赠花卿》杜甫

为京兆府功曹参军时（京兆尹本为刘晏，严武还朝后，刘晏让与严武，他便为吏部尚书同平章事，京兆府功曹参军这职务应是严武荐任的），他没有就任。由于松维等州的失陷，西川节度使高适不能救，代宗征高适还朝，为刑部侍郎，转散骑常侍。严武再度出镇剑南，消息传来阆州，杜甫才暂缓东行，严武几次寄信相留，他便重来成都。途中他写了五首七律诗题为《将赴成都草堂途中有作》寄给严武，那第三首写草堂所在是"竹寒沙碧浣花溪，橘刺藤梢咫尺迷，过客径须愁出入，居人不自解东西"，可以看出杜甫对草堂的喜爱和怀念。第四首有两句写道：

新松恨不高千尺，恶竹应须斩万竿！

这虽然是杜甫写他回到草堂将进行整园，和初到草堂时写的《恶树》所说"幽阴成颇杂，恶木剪还多，枸杞因吾有，鸡栖奈汝何"，以及后来写的《除草》诗的"芟夷不可阙，疾恶信如仇"有些相似，但这里的两句写得更为鲜明突出，一向为人所喜爱。浦起龙说是"寓锄强扶弱意"，其实更应该说是要去恶存善。结语回忆东川漂流说："三年奔走空皮骨，信有人间行路难。"可见恶竹、新松是有所喻的。

杜甫草堂风景图

杜甫重回成都又住了一年多，《登楼》是这时期写的最有名的一首七律：

花近高楼伤客心，万方多难此登临，锦江春色来天地，玉垒浮云变古今。北极朝廷终不改，西山寇盗莫相侵，可怜后主还祠庙，日暮聊为《梁父吟》。

这诗开始写花近高楼，楼上的客子见了反而心伤，接说因为万方多难的缘故，此一登临实为不易。三、四两句气象雄浑，是登楼所见之景。五句从三句来，说北

极朝廷如锦江春色，幸终不改；六句从四句来，说吐蕃
如玉垒浮云忽起忽散，这是登楼所思之事。三、四句只
是过脉，五、六句才是要紧、有力处。结联也是楼前所
见，借后主祠庙来暗说当时没有诸葛亮那样的人匡辅朝
政，所以自己只好像诸葛亮未得意时的且吟《梁父吟》
了。

另一首七绝也很有名：

　　两个黄鹂鸣翠柳，一行白鹭上青天，窗含
西岭千秋雪，门泊东吴万里船。

　　　　　　　　　　——《绝句四首》之三

这里的西岭即《野望》诗中的西山。前两句写草堂
之景；后两句不只写景，写景中表现了忧时和乘兴欲东
行之情，可与《野望》诗的首二两句参看。表面看来这
诗四句不相连属，因为是即兴的小诗，须和其他三首比
较着看，方知与别的咏怀抒情之作不同。

广德二年杜甫还写了《丹青引》和《韦讽录事宅观
曹将军画马图歌》，着力地刻画和歌颂了曹霸画的人物、
马匹以及他的卓越的画技，《丹青引》还写了他的贫困不
遇：

将军画善盖有神，偶逢佳士亦写真，即今漂泊干戈际，屡貌寻常行路人。途穷反遭俗眼白，世上未有如公贫，但看古来盛名下，终日坎壈缠其身。

曹霸由替"良相""猛将"或"佳士"画像，到替"寻常行路人"画像。这本是曹霸艺术创作上的幸事，犹之杜甫诗歌创作的由完全反映封建统治阶级的生活而逐渐转向反映社会和人民的生活一样。但杜甫却是留恋和企羡从前的荣华，而为自己和曹霸如今的怀才不遇表示惋惜的。后来他一直还为曹霸的不被重视叹惋："人间不解重骅骝。"借曹霸所画的良马来比喻他的才能。

这年的秋天，严武表奏杜甫为节度参谋，检校工部员外郎，赐绯鱼袋，他从此又算有职在身了。在幕中，他作了《忆昔二首》。第一首写肃宗的昏庸，吐蕃侵扰，杜甫希望报仇雪耻，而不在得官，他说："愿见北地傅介子，老儒不用尚书郎。"第二首他对代宗仍然是"周宣中兴望我皇"，而且这样回忆"开元盛世"说：

忆昔开元全盛日，小邑犹藏万家室，稻米流脂粟米白，公私仓廪俱丰实，九州道路无豺虎，远行不劳吉日出，齐纨鲁缟车班班，男耕

女桑不相失。宫中圣人奏《云门》，天下朋友如胶漆，百余年间未灾变，叔孙礼乐萧何律。

这里虽然美化了封建统治，也掩盖了阶级压迫，不过所说的经济发展，交通畅达也是事实。杜甫是用这些来对照安史乱后："岂闻一绢值万钱，有田种谷今流血……"的情景的。

杜甫对于节度使幕府里的生活却是不习惯的，他既多病，同僚又互相排挤倾轧，他感到"白头趋幕府，深觉负平生"，仅仅做了几个月的参谋，永泰元年（公元765年）的春天，严武同意他辞职了。上午杜甫的至交苏

杜甫草堂池塘

源明因饥荒死于长安，杜甫曾有《怀旧》诗哀挽说："地下苏司业，情亲独有君，……自从失词伯，不复更论文。"至于宝应元年李白的死，杜甫却无从知道。

杜甫对草堂再加整理，伐去遮蔽阳光的恶竹，除去杂草。他在这里又住了一段时候。他有时乘船到先主庙去，或在浣花溪里洗药，有时又去钓鱼，但是生活也依然是贫穷的。他写了《莫相疑行》《赤霄行》等七言古诗，《莫相疑行》将他自己的今昔对照着写道：

男儿生无所成头皓白，牙齿欲落真可惜，忆献三赋蓬莱宫，自怪一日声辉赫。集贤学士如堵墙，观我落笔中书堂，往时文采动人主，今日饥寒趋路旁！

这里反映了他的向往功名富贵，叹老嗟卑和自负等思想感情，但也有力地表现了封建社会里较正直的诗人的悲剧性的遭遇和文学事业的被摧残！至于幕府里那些相互猜疑嫉妒的青年幕僚，杜甫对他们做到了开诚相见："寄谢悠悠世上儿，不争好恶莫相疑。"同时还说："老翁慎莫怪少年，葛亮贵和书有篇。丈夫垂名动万年，记忆细故非高贤。"他又是不愿与争的。

这年正月，高适病死于长安，杜甫很悲伤。他有诗

写道："归朝不相见，蜀使忽传亡，……致君丹槛折，哭友白云长，独步诗名在，只令故旧伤。"4月，严武又病死于成都（后来他又写道："一哀三峡暮，遗后见君情。"以后还有《八哀诗》相挽）。杜甫在成都无依无靠，便举家东下，到夔州（今重庆市奉节县白帝城附近）去了。他在两川流寓，总计五年多，始终不忘北归，但经济上有困难，第一步便只好先到夔州，然后再到荆州（今湖北荆州市）。

杜甫草堂风景图

东下荆楚和病故

杜甫从成都坐木船南到嘉州（今四川乐山），再到戎州（今宜宾），到渝州（今重庆）和忠州（今忠县）一带时，他写了一首五律《旅夜书怀》：

细草微风岸，危樯独夜舟；星垂平野阔，月涌大江流。名岂文章著？官应老病休；飘飘何所似？天地一沙鸥。

起二句写客夜舟泊所见的近景，先写地，后写人。三、四句写远景，极为雄浑，和李白《度荆门送别》里的"山随平野尽，江入大荒流"并美，而"垂""涌"二字精练无比。五、六两句是悲愤语，"官应老病休"是有为房琯事而罢官的苦闷之感。末尾用"沙鸥"自譬，以抒发他的功名无成、漂泊流离之感。这诗自然表现了杜

西塘古镇

甫的叹老嗟卑，但也见得当时士人在政治上的无所归向，
当时的社会是极为黑暗的。

　　杜甫在云安（今重庆市奉节县）住了下来，因为他
病了。在这里停留了半年多，写了有名的《三绝句》，反
映军阀作乱和羌浑侵扰的社会混乱现象；又写了《杜鹃》
一诗讽刺逆乱的匣子，表现了他的忠于皇帝。

　　大历元年（公元766年）的春末，杜甫到夔州后，
便定居了下来。几次登上白帝城楼，写下了《白帝城最
高楼》等奇险的诗。他又去游览了夔州西郊的武侯庙和

永安宫南的八阵图，写了《武侯庙》和《八阵图》两首著名的五言绝句。他还有《古柏行》描写武侯庙前的柏树说：

孔明庙前有古柏，柯如青铜根如石。霜皮溜雨四十围，黛色参天二千尺。……云来气接巫峡长，月出寒通雪山白。

古柏树的高大森郁是被鲜明地表现出来了，这是杜甫对于诸葛亮为人的侧写，使那"大名垂宇宙"的人物栩栩如在眼前。这当然也是他借以自喻，从结语"志士幽人莫怨嗟，古来材大难为用"可以看出。

杜甫在夔州住了将近两年，他在那里写了一些反映当地人民风俗和生活情况的诗，这些是他晚期作品中最可贵的部分。如《负薪行》写夔州妇女的悲惨命运，由于当时的战乱，男丁减少，年老还不得出嫁，而那里的风俗极端重男轻女，女人担任劳役，如负薪、盐等重物，男子却居家中。杜甫写道：

夔州处女发半华，四十五十无夫家，更遭丧乱嫁不售，一生抱恨长咨嗟。土风坐男使女立，男当门户女出入，十有八九负薪归，卖薪

得钱应供给。……筋力登危集市门，死生射利
兼盐井。

为什么这么压迫妇女呢？是夔州女子的貌丑吗？不
是的，"若道巫山女粗丑，何得此有昭君村？"巫山神女
一向是骚人词客咏赞的对象，然而只有杜甫这时才来写
了人间巫山女的悲惨命运。这是封建家庭制度，是一种
半奴隶式的压迫制度，杜甫对它进行了有力的揭露。此
外，《火》《热三首》等批评了当地人民遇到旱灾却焚山

杜甫像

击鼓，更增炎热的迷信作法。这些诗都是比较可取的。

杜甫在夔州的生活和在成都时有些相似，他在这里种过菜，养过鸡，经营过果园，还种过稻。他有隶人伯夷、辛秀、信行等为他引水修筒或伐木，当然也做耕种工作。有一次，杜甫醉后去乘马，从白帝城驰下瞿塘峡来，表现了他青年时代的豪情：

> 白帝城门水云外，低身直下八千尺，粉堞
> 电转紫游缰，东得平冈出天壁。江村野堂争入
> 眼，垂鞭䍐鞚凌紫陌，向来皓首惊万人，自倚
> 红颜能骑射。

可是他却不慎坠马了，很多人携酒来看望他，他又饮起酒来，而且说："何必走马来为问，君不见嵇康养生被杀戮。"认为这只是意外事。

因为连年战争，人民负担很重，夔州的物产也不比成都富饶，所以夔州人民的生活情况是非常贫苦的。杜甫写道：

> 戎马不如归马逸，千家今有百家存，哀哀
> 寡妇诛求尽，恸哭秋原何处村？
>
> ——《白帝》

几时高议排金门，各使苍生有环堵。

——《寄柏学士林居》

安得务农息战斗，普天无吏横索钱。

——《昼梦》

由于他同情人民生活，所以能写出《解闷十二首》的"先帝贵妃今寂寞，荔枝还复入长安"，以及后来他将瀼西草堂借与亲戚吴某居住时的那首《又呈吴郎》：

堂前扑枣任西邻，无食无儿一妇人，不为困穷宁有此？只缘恐惧转须亲。即防远客虽多事，便插疏篱却甚真，已诉征求贫到骨，正思

长沙杜甫江阁

戎马泪盈巾。

　　这里劝吴对贫妇要亲近，让她来打枣子，不要插篱。结尾反映了民间的疾苦和诗人的关怀，与《驱竖子摘苍耳》的"乱世诛求急，黎民糠籺窄；饱食亦何心，荒哉膏粱客。富家厨肉臭，战地骸骨白"的同情人民纯然一致。然而他又是不赞成农民抗租逃亡的：

　　　　　　劝其死王命，慎莫远奋飞。

　　　　　　　　　　　　　　　　——《甘林》

　　杜甫在夔州也关怀国事，他有诗句说："勋业频看镜，行藏独倚楼，时危思报主，衰谢不能休。"又说："秦中驿使无消息，蜀道兵戈有是非，……莫愁剑阁终堪据，闻道松州已被围。"他还以十分强烈的感情写过：

　　　　　　不眠忧战伐，无力正乾坤！

　　　　　　　　　　　　　　　　——《宿江边阁》

　　这种思想感情，在杜甫诗中是始终贯穿着的。虽然有些悲愤，但壮志却无已时。

　　他在夔州写过几篇组诗和长诗，如《诸将五首》，写

杜甫

吐蕃入关掘发唐朝帝王的坟墓："昨日玉鱼蒙葬地，早时金盌出人间。"叮咛诸将："多少材官守泾渭，将军且莫破愁颜！"又写回纥作乱，责备诸将说："独使至尊忧社稷，诸君何以答升平？"《秋兴八首》是七言律诗，写尽了夔州的朝景、暮景，怀念长安的王侯宅第、宫阙、曲江、昆明池、渼陂等，但写得很伤感。试举第六首：

瞿塘峡口曲江头，万里风烟接素秋，花萼

夹城通御气，芙蓉小苑入边愁。珠帘绣柱围黄
鹄，锦缆牙樯起白鸥，回首可怜歌舞地，秦中
自古帝王州。

这也是由夔州而想到长安，写玄宗当年筑夹城通曲
江芙蓉园而招祸乱。从前曲江殿宇华丽，舟楫众多，黄
鹄被珠帘所围，白鸥为锦缆惊起，如今却因祸乱而冷落
荒凉，不像是自古帝王崛兴之地了。这一首诗的政治性
是更强的。第八首追忆漠陂之游，"香稻啄余鹦鹉粒，碧
梧栖老凤凰枝"，是有名的句子，重在写镁陂的香稻、碧
梧，不重在鹦鹉、凤凰，看起来却好像是有意在倒装。
《阁夜》诗的"五更鼓角声悲壮，三峡星河影动摇，野哭
千家闻战伐，夷歌几处起渔樵。"也是脍炙人口的名句。
又有《洞房》等八首五言律诗，都是有关国家治乱兴亡
的。如：

宿昔青门里，蓬莱仗数移，……落日留王
母，微风倚少儿，宫中行乐秘，少有外人知。

——《宿昔》

斗鸡初赐锦，舞马既登床，……仙游终一
，海乐久无香，寂寞骊山道，清秋草木黄。

——《斗鸡》

　　这些诗是要读者永远记住丧乱之由，特别是朝廷中的君臣，应该引为鉴戒的。这些，都是杜甫夔州近体诗的代表作。长诗《昔游》《壮游》《遣怀》写他与高适、李白的交游和自己的生平事迹。都是五言古诗。

　　杜甫在夔州的某些作品十分重视艺术性如声韵、词语和兴象等等，而诗的思想性便相对地减弱了一些。比如《见萤火》一首七律，写物逼真，可是结句只说："沧江白发愁看汝，来岁如今归未归？"思想内容就不够丰富和深入。又如长篇排律《秋日夔府咏怀奉寄郑监李宾客一百韵》，凡1000字，叙写他在夔州所见和自己的生活

《登高》杜甫

情况以及长安时局等，诗的结构完整，而又多变化，但是内容不如以往《奉先咏怀》和《北征》远甚。这里我们还要介绍一下他的那首著名的《登高》：

　　　　风急天高猿啸哀，渚清沙白鸟飞回，无边落木萧萧下，不尽长江滚滚来。万里悲秋常作客，百年多病独登台，艰难苦恨繁霜鬓，潦倒新停浊酒杯。

　　这是杜甫长期流浪、贫病交加心情恶劣的表现，由此可以想见诗人在当时是如何的穷愁潦倒。使他时时"苦恨"和"霜鬓"日"繁"的，并不只是由于"悲秋"和"多病"，久客的艰苦备尝更是一个重要的原因。结句是说本可借酒浇愁的，但又刚刚因患病而戒了酒，则其愁愈甚。这诗的艺术性高、形象性强、语言精练、对仗工巧，特别是三、四两句气势悲壮，是写景又是写诗人的心胸，是四联对偶句中最出色的一联。过去有人称这诗"高浑一气，古今独步，当为杜集七言律诗第一"，甚至说是"古今七言律第一"。然而它所表现的只是个人的生活和伤感，从这首诗的基调看来，不是昂扬的而是悲抑的。

　　杜甫在夔州住过的地方有客堂、西阁、东屯、赤甲和瀼西。前后不过两年，共作诗四百多首，占今存诗集的三分之一左右。大历三年（公元768年）春，杜甫将他的瀼西果园赠给别人，决心离开夔州，到荆州去，那里有他的弟弟杜观、从弟杜位及其他一些亲友。临行的时候，他巡视园圃，有些舍不得离开似的，上得船来，又为自己的身世而长叹。

杜甫出峡时但见：山峡窄转，猿啼凫浴，神女峰很是娟妙，而激浪震动船只，声如风雷，色如冰雪。出峡以后，川平舟速，很快到了宜都（今湖北宜都西北），在这里发出了"回首黎元病，争权将帅诛"的感叹。到江陵后，虽然和李之芳、郑审都见了面，荆南节度使卫伯玉新楼落成，杜甫也写了贺诗，可是卫伯玉并没有荐用杜甫。当时吐蕃作乱，京城戒严，杜甫不能北归。他在江陵，连小吏也轻视他，而藩镇叛乱，社会极不安宁，便在秋天南迁到了公安（今湖北公安东北）。而公安也有乱事，"入邑豺虎斗，伤弓鸟雀饥"。住到岁末，杜甫更由公安出发南行，到岳州（今湖南省岳阳市）去，他感慨不知何时才能停足安居。船过刘郎浦（今湖北石首西北），他说是"岸上空村尽豺虎"，足见当地的多乱和荒凉。

到岳州后，他写了《岁宴行》，反映了米贱伤农、贫民卖儿女缴租税的悲惨境况："去年米贵阙军食，今年米

贱大伤农，高马达官厌酒肉，此辈（农民、渔民及少数民族的猎人）杼柚茅茨空。……况闻处处鬻男女，割慈忍爱还租庸。"这种境况的形成，和当时的战乱有很大关系。因此，当他登上城西门楼，更写了一首非常凝练的五言律诗《登岳阳楼》：

　　　昔闻洞庭水，今上岳阳楼。吴楚东南坼，乾坤日夜浮。亲朋无一字，老病有孤舟。戎马关山北，凭轩涕泗流。

　　这诗开始两句用互文，表现了诗人得上岳阳楼的兴奋。三、四两句写洞庭湖的广阔，湖连吴楚，好像地裂

秦州花卉

杜甫《登岳阳楼》

开了；湖水浩渺，天地如浮在水上。后半怀念亲友和国事，百感交集。五、六两句情中有景，最后两句好像使我们看见了杜甫靠着窗门北望流泪的样子。

大历四年（公元769年）春，杜甫继续南行，入洞庭湖，到衡州（今湖南省衡阳市）去依托他年轻时在郇瑕（蒲州猗氏县，今山西临猗南）认识的旧友湖南都团练观察使、衡州刺史韦之晋。他路过潭州（今湖南省长沙市），到了城西南的岳麓山上，写了《岳麓山道林二寺行》，虽是古诗，全用偶句，不仅写了二寺的风光，佛教的思想很重，还表现了他想在这里居住的意思：

  ……方丈涉海费时节，玄圃寻河知有无，……飘然斑白身奚适，傍此烟霞芽可诛，桃源人家易制度，橘洲田土仍膏腴，……依止老宿亦未晚，富贵功名焉足图？……一重一掩吾肺腑，山鸟山花共友于，宋公放逐曾题壁，物色分留与老夫。

  这些诗句，语言是很优美的，而思想感情却是消极的。他在赴衡州的途中，也写了反映民间贫困境况的《遣遇》诗，说"石间采蕨女，鬻市输官曹，丈夫死百役，暮返空村号，闻见事略同，刻剥及锥刀。"《宿花石戍》诗说，"罢人不在村，野圃泉自注，柴扉虽芜没，农器尚牢固。……谁能叩君门，下令减征赋？"这时他不仅左耳聋，牙齿脱落很多，而且右臂因风湿不能活动了。他在舟中自叹道："扁舟空老去，无补圣明朝。"他仍然关怀着政治。

  杜甫到衡州时，却遇韦之晋调潭州（今长沙）刺史，湖南军徙潭州。杜甫又回到潭州。韦之晋不久死去，杜甫写了《哭韦大夫之晋》诗：

  贡喜音容间，冯招疾病缠，南过骇仓卒，

北思悄联绵。……素车犹恸哭，宝剑欲高悬，

……兴残虚白室，迹断孝廉船。

韦之晋是他青年时代在郇邑（今山西临猗）相识的

40年老友，从"冯招"句看是可能荐用他的，但现在是

失望了，他慨叹："童孺交游尽"，"老来多涕泪，情在强

诗篇。"杜甫感到难于北归，自己"终是老湘潭"了，但

他还说："恋阙劳肝肺"（《楼上》）并勉励故友张玠的

儿子建封说："旧丘岂税驾，大厦倾宜扶。"勉励友人裴

虬、苏涣："致君尧舜付公等，早据要路思捐躯。"他自

杜甫老年

己却想去隐居的，可是后来又振奋起来，做了《江汉》诗：

　　　江汉思归客，乾坤一腐儒，片云天共远，永夜月同孤。落日心犹壮，秋风病欲苏，古来存老马，不必取长途。

　　这诗中四句写得情景交融，"云天""夜月""落日""秋风"是景，"共远""同孤""心犹壮""病欲苏"是情。那月亮与落日不是一时所见，而是用的逆叙，只有这样理解，才能体会到这诗艺术性的完整。大历五年，当他追和高适的遗诗时也豪迈地说：

　　　遥拱北辰缠寇盗，欲倾东海洗乾坤！
　　　　　　　　　　——《追酬故高蜀州人日见寄》

　　杜甫在潭州看见人民的疾苦，有《客从》《蚕谷行》等诗。暮春重逢乐工李龟年，又写了一首《江南逢李龟年》七言绝句道：

　　　岐王宅里寻常见，崔九堂前几度闻，正是江南好风景，落花时节又逢君。

　　这里怀念从前在长安时彼此常常见面，如今却一同流落江南，虽然重逢，内心却很悲伤。其中有盛衰之感、家国之悲、聚散之不常，诗句写得非常精练。诗很含蓄，风调很美。

　　杜甫在潭州种过菜，卖过药，生活比夔州和成都为差，因为韦之晋还没有来得及荐用他便死去了，而道州刺史裴虬和韶州刺史韦迢只是和他有诗往来应酬，都没有很好照料他。他寄裴的诗中说："虚名但蒙寒喧问，泛爱不救沟壑辱，齿落未是无心人，舌存耻作穷途哭。"虽是一般地讲友朋寄书，但裴虬也未必是例外，杜甫答诗中就没有提到他有什么资助。

　　这年夏天，潭州发生兵马使臧玠杀死刺史兼观察使崔瓘的乱事，于是杜甫又避乱去到衡州。他写道："五十白头翁，南北逃世难，疏布缠枯骨，奔走苦不暖。……乾坤万里内，莫见容身畔，妻孥复随我，回首共悲叹。……"他们由衡州南行，准备到郴州去倚靠在那里做录事参军的舅父崔伟，中途到了耒阳，恰遇大水，船泊在方田驿，耒阳县令聂某给他送来了食物，解救了他们的饥荒。他不能去到郴州，只得回舟北去，过洞庭湖，准备到汉阳，再回长安。入湖以后，他写下了一首五言排律《风疾舟中伏枕书怀三十六韵》，诗中说他自己是"乌几重重缚，鹑衣寸寸针"，可说是贫穷到了极点。但他也仍然不忘于时局：

> 公孙仍恃险，侯景未生擒，书信中原阔，干戈北斗深。……战血流依旧，军声动至今。

就在这诗写后，杜甫死在船上了。他在世共活了59岁。遗体殡于岳阳。到唐宪宗元和八年（公元813年），他的孙儿杜嗣业才将他的遗体迁葬于偃师西北首阳山下，算是使他的骸骨回到了中原。

杜甫漂泊在荆湘一带的诗比起在夔州的有了一些转变。由于他到处奔走，看见了荆湘人民在战乱中的生活情况，所以作品多了些生活的气息。他和社会的联系是

杜甫书法木刻廊

杰出的艺术成就

　　上面我们简要地介绍了杜甫的一生和他的一些重要作品，总体来看，杜甫诗歌的艺术成就是很高的。这所谓艺术成就很高，就是杜甫不同于他以前的齐梁和初唐的某些诗人片面地追求艺术性，而内容则是苍白无力的；杜甫继初唐四杰和陈子昂之后，对于齐梁时代和初唐的上官体诗作了进一步的改革，取得了辉煌的成就。

　　首先，杜甫以现实主义的精神，用大量的诗作反映了当时的社会和人民的生活，有力地揭露了封建统治阶级和安史叛军的暴虐和残忍。杜甫诗歌可以说是当时社会的一面镜子。

　　杜甫是我国古代第一个较多地歌唱时事的大诗人。在他以前，我国的叙事诗是较少的。还有，很多诗人不管写叙事诗或抒情诗都要披上一重古典的外衣，读来好像写的古人古事，因而反映现实的广度和深度都不能不受到很大的限制，杜甫却不是如此。他所生活过的八世纪中叶几十年间（玄宗、肃宗、代宗三朝）的社会政治、经济、文化乃至风俗民情等等，总之，当时的社会面貌，都在他的笔下有重点地、有代表性地、概括地被刻画了下来。尤其重要的，杜甫并不是客观地叙述当时的历史，而是有着自己的强烈的爱憎的，因此常常表现得深刻而有力。杜甫写了更多的抒情诗，也有一些说理诗和咏物诗，或者叙事、抒情、描写、议论互相结合。这些诗和他的叙事诗一样，是杜诗的重要组成部分。这些抒情、说理或咏物的诗都和时代紧密结合，息息相关。杜甫也有一些带着浪漫主义色彩的诗篇，像《凤凰台》《朱凤行》《茅屋为秋风所破歌》等，可是也并不一味把人们引

杜甫羌村故居

向过去和别的幻想世界，而是正视现实的。正因为如此，当时的人们才把他的诗歌称为"诗史"。

杜甫诗歌的艺术成就和他的政治思想是密切不可分割的。他热爱国家，在他的诗里有突出的表现。他的诗反映当时重大政治事件，如《兵车行》《悲陈陶》《悲青坂》"三吏""三别"等。他青年时代的漫游南北，对祖国山川的热爱都有助于他的爱国思想的萌芽。陷敌期中，进一步发展了他的爱国思想，像《春望》《悲陈陶》等诗所表现的思想，非常深刻，感情也很强烈。他在左拾遗任上因房琯事被疏以后不论在华州、秦州、西蜀和荆楚流浪的任何时间，都没有忘记过国难。像我们前面介绍过的《秦州杂诗》《蜀相》《茅屋为秋风所破歌》《闻官军收河南河北》《登楼》《秋兴八首》《登岳阳楼》等，都是十分感人的爱国诗篇，这些诗篇引起历代爱国者的共鸣。就是那些写齐鲁陇蜀山川的诗，也能引起人们对祖国的热爱。所以人们也称杜甫为爱国诗人。

杜甫的诗歌艺术成就，同时也由于他的反映和同情人民的疾苦。他对当时残酷的封建剥削压迫的事实做了大胆的揭露，也对当时由叛乱和外族侵略所造成的人民的悲惨境况有深刻地反映，他对被残酷压迫的平民寄予很大的同情。"朱门酒肉臭，路有冻死骨"，"富家厨肉臭，战地骸骨白"，这些对比令人触目惊心！"几时高议排金门，各使苍生有环堵"，"必若救疮痍，先应去蟊贼"，这里的忧民和疾恶如仇的精神是很可贵的。政治上的失意使杜甫把眼睛向下看，他才能写出"彤庭所分帛，本自寒女出，鞭挞其夫家，聚敛贡城阙。……生常免租税，名不隶征伐，抚迹犹酸辛，平人固骚屑"，"征戍诛求寡妇哭，远客中宵泪沾臆"，"况闻处处鬻男女，割慈忍爱还租庸"，等等。杜甫能把享到特权的自己来和平民比较，具有同情人民的思想。但是杜甫家庭世代"奉儒守官"，他的思想基本上还是儒家思想，像在《奉赠韦左丞丈二十二韵》一诗里所表达的那样。

杜甫的一生是比较复杂的。他的一生大致可以分做三个时期：安史之乱以前和安史乱中以及南到蜀湘。他由到处漫游而做起官来，又由弃官田居到漂流而死，他

杜甫陵园

有时和人民离得很远，有时又和人民较为接近。这使他
的作品的思想性也随之而出现了较弱或较强的情况。他
的创作活动虽然从来没有停止过，但他的作品却是一段
时期比较杰出而另一段时期又比较逊色一些。具体地说，
他在安史乱起后的流离期中的作品最为可取。南到蜀湘
的第三期的诗作又可以分为成都草堂、东川、夔州和荆
湘四段，其中又以东川和荆湘的动荡生活中所写的诗较
好，而在成都，特别是在夔州所写的一般说来就比较差。
这里可以看出作者的生活范围与创作的关系。

　　杜甫爱国家，但他的爱国思想和他的忠君思想是混
杂在一起的。前人说他"一饭未尝忘君"，在诗中表现了
十分浓厚的忠君思想。这是时代的局限。他同情人民，
然而他是站在封建地主阶级立场，从巩固封建统治出发
的。他看不见人民的力量，只是把希望寄托在皇帝和大
臣的身上。他虽然同情农民，但由于他的坚决维护封建
统治，所以对农民起义是反对的。他有诗说："败亡非赤
壁，奔走为黄巾。"这里竟拿黄巾农民起义军来比喻作乱
的徐知道。又说："万里烦供给，孤城最怨思，绿林宁小
患？云梦欲难追。"这里把绿林农民起义军看作祸患也同
样是错误的。更不要说前面谈过的《喜雨》《甘林》等诗
了。从根本上说来，他的人生观是封建地主阶级的人生
观。人生的目的是为个人和本阶级建功立业，名垂后世，

杜甫酒坊

这是儒家的功利主义；然而同时，他又接受了道家的颓废虚无的混世哲学。甚至是道教的神仙之说和佛教的禅理他都曾经沉溺过。在他的诗中，向往功名富贵、叹老嗟卑以及消极退隐等思想都是常常表现出来的。上述这些都是封建性的糟粕。

在艺术性方面，杜甫诗歌所取得的成就也是值得重视的。他继承了《诗经》《楚辞》、汉魏乐府、六朝诗歌的丰富遗产，对屈原、宋玉以来直到唐朝的杰出诗人都认真学习，加以发展。他早年写过："读书破万卷，下笔如有神。"后来更说:"熟知二谢将能事,颇学阴何苦用心。""骚人嗟不见,汉道盛于斯,前辈飞腾入,余波绮丽为,后贤兼旧制,历代各清规。"由于他的辛勤学习,他的艺术修养是很深厚的。没有这样的艺术修养,杜甫也不一定能取得这样高的成就。他能兼备古今众体,集其大成。但是杜甫重在创造,规摩前人而又超越前人。所谓"诗人以来,未有如子美者",虽不免有些夸张,但是也只有屈原、李白可以和他相比。他的诗真正做到了华实相兼,意辞共济。在他的诗里,描写山川风云、亭台楼阁、花木竹石、鸟兽虫鱼,都非常逼真而生动。卢世說:"杜诗远虑深忧,固其独携之怀抱,即托物寄言,亦具全副之精神。……准绳最密,神理纵横,陶练极清,奇葩焕发,以至造化权舆,阴阳昏晓、飞潜动植、表里精粗,但经弱毫微点,靡不真色毕呈,所云下笔如有神,良非妄语。"杜诗每以起句惊人,而结语尤潇洒横逸,有不尽之趣。句法严而能变,有反跌之句,借形之句等等,字法尤其处处锤炼,换动不得。他不仅古诗、律诗、绝句都写得很好,甚至把排律这种十分拘束人的诗体做到了运用自如的地步,用它来写尺牍,咏怀,送别,纪游,自传,无所不可。明朝的杜诗研究者王嗣奭说:

　　故一有感会，于境无所不入，于情无所不出，而情境相傅，于才无所不伸，而于法又无所不合。当其搦管，境到、情到、兴到、力到，而由后读之，境真、情真、神骨真而皮毛亦真。至于境逢险绝，情触缤纷，纬　相纠，榛楚结塞，他人攞指告却，少陵盘礴解衣。凡人所不能道、不敢道、不经道、甚至不屑道者画　矢口而出之，而必不道人所常道。故其绝尘而奔者以是，舞交逐曲者以是，间有坠坑落堑者亦以是。

　　　　　　　　　　——《杜诗笺选》旧序

杜甫墓

这很明白地说出了杜甫的"语不惊人死不休"的创造革新精神。具体说来，杜诗的艺术表现是纵横恣肆，变化莫测，不论章法结构、语言句式、修辞手法或者音韵等等无不如此。这才使杜诗的"沉郁顿挫"的风格得以形成。但是杜甫也有一些写得雕琢不自然，或失之艰深晦涩，或堆砌典故的作品，即王氏说的"坠坑落堑者"。

杜甫用乐府体而自制新题以咏时事，这打破了过去写乐府咏古事用古题的束缚，并为后来元稹、白居易的新乐府开辟了道路。元稹批评那些守旧的诗人"沿袭古题，唱和重复，于文或有短长，于义咸为赘賸"。不如"寓意古题，刺美见（现）事"。而"近代唯诗人杜甫《悲陈陶》《哀江头》《兵车行》《丽人行》等，凡所歌行，率皆即事名篇，无复倚傍。余少时与友人乐天（白居易）、李公垂（绅）辈，谓是为当，遂不复拟赋古题。"杜甫不仅向古乐府中的人民语言学习，更向当代的人民语言学习，不管民歌、民谣、方言、土语，他都能大胆吸取，使他的诗显得清新、活泼。因而，那种说杜诗无一字无来历的人是根本错误的。

对后世的影响

　　杜甫的诗歌对后世有深远的影响，宋祁在《新唐书·杜甫传》中说他"残膏賸馥，沾丐后人多矣"。孙仅说是"公（杜甫）之诗，支而为六家，孟郊得其气焰，张籍得其简丽，姚合得其清雅，贾岛得其奇僻，杜牧、薛能得其豪健，陆龟蒙得其赡博"，还有韩愈、元稹、白居易和李商隐都深受杜诗影响。宋朝以黄庭坚为首的"江西诗派"是专学杜甫的，王安石、陆游都非常喜欢杜诗。辛弃疾、文天祥以及明末清初顾炎武等人都受到过杜甫的影响。

　　杜诗的版本很多，据《旧唐书·杜甫传》和《新唐书·艺文志》说杜甫集60卷，但这个本子很早就失传了。杜诗的数量估计将近三千首，现在留存的有一千四百多首，散失的大都是早期的作品。最先编定的较完备的杜诗是宋人王洙（字原叔）所编20卷本，这是杜集传

世的祖本，这个本子也已亡失，汲古阁毛扆合两个南宋刻杜集残本并据他的父亲毛晋影抄杜诗宋本钞配成的一部《宋本杜工部集》，是现存杜诗的最早刻本。

随着杜诗的编校和各种版本的刻印传布，后世对杜诗的诵读和研究越来越深入。樊晃编集《杜工部小集》，序文说"江左词人不知君有大雅之作，当今一人而已"，他是第一个研究、评价杜甫的人。元稹"爱言其大父（说杜甫是嗣业的祖父）之为文"，他也是一个杜诗的爱好者和研究者。他对杜诗作了很高的评价，他给杜甫作的一篇墓系铭是研究杜甫的重要资料。唐末韦庄特重杜

杜甫像

诗，选了杜甫的律诗，置于所编《又玄集》之首，为唐人选唐诗唯一选取杜甫作品的。到了宋朝，整理和研究杜诗的越来越多，著名的有孙仅、苏舜钦、王安石、王洙、黄庭坚、鲁訔、郭知达、蔡梦弼等。元朝的杜诗研究者有俞浙、张性、赵汸等。明朝的研究者有单复、张綖、胡震亨、王嗣奭等。清朝的研究者有钱谦益、朱长孺、黄生、仇兆鳌、浦起龙、杨伦等。近代杜甫研究者有梁启超、闻一多等。新中国成立以后，在党的鼓励和培养下，出现了空前众多的研究者，印行了大批的研究著作，说明党和国家对杜诗研究的重视。杜甫和杜诗的研究将随着我国社会主义建设的发展而更加深入，杜甫的诗歌将更加成为祖国人民喜爱的文学遗产。

在世界各国关于杜甫和杜诗的译著自来就不少，只成都杜甫草堂收藏的就有日文、西班牙文、法文、意大利文、英文等数十种译著，与他们收藏的中文杜诗版本合计，在三百种以上。马同俨、姜炳炘编有《杜诗版本目录》较为完备，可供参考。这些，表明中国和世界各国人民对杜甫的敬重和怀念。

我国在八世纪就诞生过这样一个伟大的现实主义诗人，我们应该很好地来研究他留给我们的珍贵的文学遗产，吸取其中有益的东西，作为我们社会主义文化建设的一种借鉴。